重 庆 宝 藏

藏 在 江 北 的 文 物 故 事

重庆市江北区文化和旅游发展委员会　编著

重庆出版集团 重庆出版社

重庆市江北区文化和旅游发展委员会
重庆市江北区历史文化资源挖掘与应用研究
重点项目

特 别 鸣 谢
罗磊（糠糠壳儿） 先生

重　庆　宝　藏

Chongqing Baozang

重庆宝藏

重　庆　宝　藏

藏在江北的文物故事

重庆宝藏

目录

重庆宝藏

这本书的阅读姿势

如你所见，这本书是重庆市江北区“历史文化资源挖掘与应用研究”项目的重点课题，讲的是江北和重庆的故事。书里的十个章节，展示的是江北区境内十处市级或区级不可移动文物点。

其实不止十处。因为讲到“江北古桥”的时候，我们会讲到三洞桥、偃月桥、至善桥、明月桥，整整四座在或不在了的清代古桥；讲到“江北古城门”的时候，我们又会讲到保定门、东升门、问津门，整整三座在或不在了的清代城门。

哪里才止三座。当年的江北城共有十座城门，与渝中半岛上的“九开八闭十七门”隔江并立了将近一百年，携手护卫着重庆的母城。如今还有七座，成了连遗址也没有了的历史云烟。

对重庆城这个白雪公主而言，这七座消失的城门就像她曾经有过的七个小矮人朋友，相聚的日子早已成了她生命的一部分，往后余生，她的心里都会留着他们的位置。

如果把重庆比作美丽的白雪公主，那么江北就好比她那一头乌黑亮丽的长发，或者姣美动人的脸庞。你是那样地倾慕她，不远千万里赶来欣赏她，当然要从这样的局部入手，一点一点读懂她的美。

所以说，这本书虽然讲的是江北，可归根到底是在讲重庆。我们不过是带你抄了一条审美的近路，让你窥一斑而知全豹，或者凭一绺秀发就能 get 到她全部的美，如此而已。

这就叫讲好江北故事、讲好重庆故事，有先有后，有点有面。这是阅读这本书的第一个姿势。

可这远远不够。因为你不远千里而来，又怎会满足于看一眼就走呢？

你一定还想跟她成为朋友，就像那七个小矮人一样，即便离开了、再也不回来了，也能一直留在她心里。即便以后她只会偶尔想起你，那也是你小小的幸福。

所以你就不能只停留在她的容颜里，像什么3D无敌夜景啊、8D魔幻地形啊等等。你就得进入她的生活，与她生命中经历过的那些人、那些事发生强联系。你不要光看到她的秀发，还要怜惜那些隐藏其中的朝如青丝暮成雪；你也不要光看到她漂亮的脸蛋，还要心疼那些夜半无人私语时才会悄悄泛起的皱纹。

一座城也好，一个人也罢，美的最高境界都是内心的强大。这内心的力量来自何处？他们曾经走过的路。舍此，别无他途。

有人会问，江北的宝藏，为什么不写观音桥步行街呢？为什么不写北滨路鎏嘉码头呢？为什么不写江北嘴CBD呢？为什么不写中国著名汽车城呢？你为什么非要写那些残垣断壁、零星遗址呢？请问有什么可看的？要看文物，我难道不认识去故宫的路？

朋友，一眼就看得到的，怎么能叫宝藏？你不去岁月的土层里亲手挖一挖，怎么会有获得宝藏的快感？

这就是阅读这本书的第二个姿势——走进江北和重庆的过往，寻访那些陈年旧事。这不叫翻故纸堆，这叫探宝。不然，你可能永远也不明白美是何物。

还是不够，还有第三个姿势——讲故事的方式。

首先，真实问题。尽管用一堆不明觉厉的“传说”来支撑某个地区的文旅资源，这是一件大家都爱干而且都很嗨的事儿，我们还是不想编故事。虚构当然也可以很美，可也很虚弱，就像一个换过脸的小姐姐，最怕遇到两种人：眼尖的观众，死磕的狗仔。

真正的美，必定源于真实。江北的历史文化遗产是足够丰厚的，如果还要去虚构故事，那一定是你不够努力，你的铁锹甚至连地表以下一米处的土层都没戳破。

江北区总共有147个不可移动文物点，其中大部分的确只能称作遗址或残迹，真没多大观赏性。可是，江北乃至重庆长达亿万年的历史，就藏在这些遗址或残迹里，只要你用心用力，它就会破土而出，像一个活生生的老朋友那样，坐下来跟你一吐胸中块垒、心中情事。

所以这本书里的十个故事，都是用现场实物＋史料依据＋极少量历史演义来构建它们的叙事逻辑。你读到的不只是故事，还是尽可能真实的历史。

其次，视野问题。我们不想关起门来写自家的小家谱，例如写江北就尽量不去碰渝中，说观音桥就最好少提解放碑，说重庆就不要扯成都，说四川就不

要出湖广，诸如此类。

看起来这叫聚焦，其实是一种割裂。割裂地域的同时，也在割裂历史。地域和历史都被割裂了，你的故事就只能是碎片化的小故事，只能娱乐身边有限的那么几个人，哪还谈得上行千里、致广大呢？

江北的历史，一定是与重庆同步的；重庆的历史，也一定是与中国乃至世界同步的。写这本书的过程中，当我们认真研究江北历史上的某一件小事时，总会发现它跟中国历史上的某一件著名大事之间，有着千丝万缕的联系。不是因果关系，就是影响关系；不是事实的交集，就是文化或审美的交集。

这就对了。江北嘴上空的一阵狂风，很可能源于陆家嘴江畔一只扇动翅膀的蝴蝶。当时空的背景被拉长放大后，你看到的历史细节就会更加丰盈，故事的元素也会更加丰富，听起来就会更加带感。

而江北或重庆的文化个性，也会因此融入中国文化的共性里，浑然一体。天南地北的人们来到这里，就能从众所周知的中国故事轻松切换到初次见面的重庆故事、江北故事，从而更快知道我们的好。

这大概也算一种“大历史”思维吧。视野决定故事的精彩程度，也决定着江北与重庆的文化品位。我们觉得吧，品位越高，文化就越自信。

最后，表达问题。

虽然讲究历史真实，但我们不是历史学者，最多只能算历史知识的科普工

作者。这本书也不是历史论文集，最多只是一本说历史的故事集。

我们只是想把枯燥的历史变成有趣的故事，讲给尽可能多的人听，让大家听得懂、听得爽、记得住，仅此而已。

所以我们要用通俗而不是学术的方式来讲，要笑嘻嘻而不是板着脸来讲，讲到兴奋处还可能会刹不住车，以至于会用 B 站上的鬼畜思维去揣度古人的心路历程，会把史书上某个严肃的表达切换成无厘头的现代汉语，也可能会用事后诸葛亮式的“上帝视角”，去解读某些历史片断之间的关系。

在学术上，这些都是大忌。可在这本书里，顾不了这许多了。我们希望它用与众不同的方式去承担起一个入口的责任，吸引来的年轻、年少读者越多越好。只要他们愿意从这个入口走进去，一头扎入江北、重庆乃至中国的传统文化宝藏，我们的未来就大有希望。

仰望历史的星空，既虔诚，又放松，且感动。让我们摆好姿势，开始吧。

罗磊

2020 年 冬至

于江北石子山

第一章

龙战于野

——大石坝——

『神州巴渝龙』发掘地

一

一亿五千万年前的某一天，太阳照常升起。劳亚大陆东南方的一片湖畔丛林里，热闹的一天又开始了。

那一天地球上还没有什么七大洲、四大洋，只有一南一北两块大陆，被茫茫海洋环抱在中央。它俩合在一起，叫作盘古大陆。

北边的劳亚大陆，包含了今天的亚欧大陆和北美大陆。南边的冈瓦纳大陆，则统领着非洲、阿拉伯半岛、印巴次大陆、澳洲和南极洲。两个古大陆之间隔着一片不大不小的海，叫作古地中海。

古地中海当然早已消失了，但你会知道它曾经在哪儿。今天，青藏高原的雪山顶上，或者柴达木盆地的沙漠里，仍在不断涌现出远古海洋生物的遗迹。它们犹如一盏盏路灯，让我们看到了从前的家园——

在一亿五千万年前、侏罗纪晚期稍早阶段的那一天，我们的西边没有天山南北，没有雪域高原，只有温暖的海洋。海浪轻抚沙滩，海风裹挟着水汽，掠过千万里辽阔平坦的劳亚大陆，吹到了东南方那片湖畔丛林里，带去生命与生活的希望。

海风穿林而过，继续往东吹拂数百公里后，迎头撞上了一片丘陵地带。这是一处经历多次地壳运动、海陆反复攻守之后形成的高地——巫山。

巫山的存在，制造了与今天截然相反的一种地势：东高西低。于是，地下水夹杂着自然降水从丘陵之上汩汩而下，在今天长江和嘉陵江的地盘上肆意流淌，一路向西奔往大海。

河流所过之处，孕育出一片片静美的湖泊。借着温暖湿润的亚热带天气，湖畔很快长出了郁郁葱葱的森林，有松树、杉树，以及各色各样的裸子植物群落。跟海风一样，它们也是生命与生活的希望，每一天都是。

当太阳高高升起，湖畔丛林里大大小小的恐龙便出门觅食了。它们身旁是透射着斑驳阳光的美丽森林，是浸润着新鲜水汽的林间芬芳。翼龙在天空中飞翔，昆虫在土壤间穿梭，河流与湖泊发出潺潺水声，在巫山以西的这片土地上，共同搭建起了一个侏罗纪的乐园。

故事的主角——一只蜥脚类恐龙，登场了。

一

在侏罗纪，蜥脚类大家族是恐龙里一个庞大的存在，家族规模和身材尺寸都是陆地最强，没有之一。

蜥脚类恐龙里有一个科，叫作马门溪龙。它最早的一处遗骸化石，是在 1952 年中国四川省宜宾市一个叫马鸣溪的建设工地上发现的。因为命名者杨钟键教授的方言口音问题，“马鸣溪”被助手听成“马门溪”记录了下来，从此再也改不了了。

经过研究复原，我们知道了马鸣溪出土的这条恐龙身长约 16 米，立起来有五层楼那么高。它还拥有一个占身长 1/2 的脖子，脖子顶端的那颗脑袋却只有约 50 厘米长，几乎可以忽略不计。

1957 年，重庆合川又发掘出了一具体长 24 米以上的马门溪龙化石。数十年后，在新疆奇台县两个相距仅一二百米的发掘点上，又出土了两具身长超过 30 米的马门溪龙化石。其中最长的那个达到了 35 米，脖子就有 15 米长，推测体重在 80 吨上下。

马门溪龙这样的体形，决定了三件事。

第一，它可以凭借庞大的体量抵御更多的自然风险，还可以凭借一具恨天高的长脖子，摄取到其他陆地动物难以企及的高处食物。没办法，它是一架巨型植食机器，一天能吞下去二三百公斤树叶、嫩枝和果实。在低处争食的家伙太多了，而高度则能为它提供垄断性的生存资源。

所以马门溪龙乃至整个蜥脚类恐龙的自然寿命，往往都是很长的。有科学家甚至推断，它们最长能活二三百岁。

第二，老天虽然让它进化出了足以实现财务自由的长脖子，却不肯再配送一个超强的心脏，以提供足够的血压来支撑长时间高空作业。所以长脖子只能短暂昂起、快速嚼下高处的食材后，再弯下来尽量平行于躯干，用一种低调的姿态用餐。

这就是说，在一天中的绝大多数时候，马门溪龙的长脖子及其小脑袋，都会停留在距地面不过几米高的地方。这是这个巨无霸的命门所在，不能发挥高度优势让其远离地面攻击的隐患，实在是太可惜了。

第三，一个小到清新脱俗的脑袋，就好比一个内存捉急的CPU，你叫它如何指挥一个称霸陆地的身躯去打怪呢？所以它们行动起来非常迟缓，看似气定神闲，其实纯属智商感人。

这个故事的主角，就是一条马门溪龙。它在故事发生这一天的行动轨迹，就跟前面讲的一模一样：稳重，却危机四伏。

—

这条龙的身长大约有18米，背高约3.5米，脖子长9米左右，已经很强了。可是在马门溪龙一科里，却是一个小个子。

恐龙是一种终身生长的动物。与同时代的同类比个头差异明显，最合理的一种解释就是：它很可能刚刚成年，还远未到达体形的巅峰。

少年不识愁滋味。这个龙族少年怀揣着一颗好奇之心，不时竖起脖子去欣赏高处的风景。与宜宾、合川等地的马门溪龙同类相比，它的颈椎关节突更短，关节面宽而平，呈椭圆状。这就使它颈椎椎体之间的连接和传递都不是那么牢靠，抗打击能力自然就弱。

没事，这并不妨碍少年的它一边漫步一边打望：呃，两点钟方向那条异性，目测长得还可以，一会儿过去加个微信先，吼吼。

重庆人都晓得，乱打望是要付出代价的。少年龙得意忘形的后果就是：它与大部队渐渐拉开了距离，不知不觉落了单。

就在此时，不远处的灌木丛中两道凶光激射而出，将少年龙牢牢锁定。这是一只兽脚类肉食恐龙，我们今天叫它甘氏四川龙。在侏罗纪晚期的川渝大地上，它和另一种体形更大一点的肉食猛龙——永川龙一起，组成了湖畔丛林里一对最凶残的掠食者 CP，是所有植食恐龙的噩梦。

四川龙的个头比马门溪龙可差远了，身长不过 8 米左右。可它却有着无与伦比的攻击力。比方说，它已经进化到了两足行走，两条粗壮的后肢不但能支撑身体，还能支撑它快速奔跑，据说时速可达 40~60 公里，足够对那些龟速爬行的马门溪龙实施降维打击了。

而它们的前肢则退化得像两只小手一样，短得可笑。可这两条短粗的前肢配上坚硬锋利的钩状爪子，却是一套高效的捕猎辅助工具，能抓住并固定猎物，直到那张决定胜负的血盆大口加入战斗。

血盆大口来自一个硕大头颅。这个头颅有着更大的脑容量，聪明程度远超猎物；还有着复杂的孔腔，通过骨骼、肌肉和肌腱的共同作用，产生最大的开合角度和咬合力度。与之完美适配的，则是一嘴酷似匕首的牙齿，又粗又长，边缘布满锯齿，而且向后弯曲。一旦咬定猎物，獠牙就会深深扎入猎物身体，轻易撕扯下一大块肉来。

聪明的四川龙还知道自己的短板在哪儿——身高、体重与马门溪龙等一众猎物比，处于绝对的劣势，单挑并无必胜把握。它们本就是群居动物，要想大口吃肉大碗喝酒，当然就得像狼那样集体行动。

少年马门溪龙的生命就此进入了倒计时。

—

片刻的沉寂过后，埋伏在灌木丛里的这条四川龙陡然暴起，以雷霆万钧之势冲了上去，对准少年龙的脖子就是一口。

为了叙述方便，我们暂且把这条打头阵的四川龙，称作阿大。

被阿大偷袭的瞬间，少年龙的长脖子正在高处逍遥快活，脆弱的脖子前端离地面还远。这真是不幸中的万幸——如果这时候脑袋已经到了最低点，一定会被阿大实施斩首行动的。这么迷你的一颗小脑袋，以阿大恐怖的咬合力，一口就能咬断。

阿大没有那么高，性子又急了点，没有等到最佳攻击时机。顾不了这许多了，它两腿一蹬，奋力咬住了少年龙粗壮的脖子后部，一嘴密集的獠牙全力冲刺、咬合，瞬间便突破了肌肉组织。

祸起仓猝，剧痛的少年龙脖子高高昂起，发出长长一声悲鸣。庞大的身躯开始急剧扭动，企图将阿大甩到身后。如果它能成功，局面或许可以逆转——

蜥脚类恐龙虽然吃素，却有一条无坚不摧的大尾巴，那可是它们的防身利器。尤其是马门溪龙，长长的尾巴末端长有尾锤，借助尾巴的横向摆动，简直就是一柄天马流星锤。

阿大当然明白尾锤的厉害。它死不松口，把全身的力气都输送到了牙齿上。其中有那么一颗，深深地卡进了少年龙的颈椎骨里。

少年龙的热血喷泉似的涌出，躯体扭曲到了极致，尾巴疯狂摆动，将身后的灌木丛扫得七零八落。血腥味四下弥散，布下了一个惨烈的杀戮场。

阿大的同伴相继赶到——阿二和阿三一左一右摁住了少年龙的身体，两张血盆大口一齐落下，眨眼便是一片血肉模糊。少年龙轰然倒地，几乎已感觉不到痛了。它凭着求生的本能全力扭动脖子、身子和尾巴，发动了垂死挣扎。

“咔”的一声，阿大那颗被卡在少年龙颈椎骨里的牙齿，竟然被巨大的扭力生生折断了。阿大吃痛，猛一抽搐，却毫不退缩。锋利的锯齿一刻不停地运作，割断了所有的血管与肌腱，直到这副脖子不再挣扎。

血终于流尽了。

少年龙巨大的躯体一动不动。这时候，长长的尾巴竟然弯曲到了脖颈处，呈现出一副匪夷所思的夸张姿态。如果你能看到这一幕，一定会感受到它死前的痛苦与不甘。

—

少年马门溪龙被围猎的同时，不远处恰好有几只剑龙经过。

这是剑龙科里体态最为娇小的一种，也是素食者，身长只有三四米的样子，别说马门溪龙了，就是四川龙也能仅凭体形碾压它。

小剑龙的背部长有十几个高高的骨板，很像是插着一背的宝剑在行走江湖，十分唬人。其实那只是一种调节体温的工具，原理有点像暖气片。

这大概就是剑龙独有的悲哀了——你以为它是大宝剑，结果它只是大保健。它唯一可以用来防身的武器，就只有一条带有两对尖刺的小尾巴。

目睹了惨案发生，小剑龙们惊恐万状，四散奔逃。然而它们虽然小巧，却仍是四足行走的动物。它们的脑容量还只有核桃大小，可能是所有恐龙里智商最堪忧的，再加上较短的前肢极大限制了后肢的运动效率，这就使它们跑得比笨重 N 倍的马门溪龙还慢。

那还跑个啥呢？说时迟，那时快，丛林里又冒出来几条饥饿的四川龙，分别是阿四、阿五、阿六和阿七。哥几个旋风般冲进剑龙堆里，展开了毫无压力的屠杀。

一条剑龙没跑几步就被阿四拿下，阿五和阿六嗷嗷叫着扑了上去，你争我夺，群策群力，很快就将可怜的小剑龙啃成了一堆破碎残骸。

阿七动作慢了点儿，没捞到多少油水。它心有不甘，往东一路追杀过去。狂追约两公里后，撵上了一条慢悠悠逃命的剑龙。

毫无悬念，这条剑龙很快便成了阿七独自享用的一顿大餐。正因为没有被争抢过，它才留下了全尸，从头骨到尾椎骨，几乎保持了原状。

故事的主角——那条少年马门溪龙，个头实在太大了，阿大、阿二和阿三全都吃撑了，也没对它的残骸造成多余破坏。除了头部和脖子前半部分可能在剧烈搏斗时被咬断以外，颈椎后段直到尾部这大半个身躯的骨架，完好无损。

四川龙阿大从此缺了一颗牙。在往后余生里，它将以一种漏风的交流方式告诫后辈们：遇到大家伙下嘴一定要悠着点儿，不然就可能变成个缺牙巴，那样就不酷了……

其实阿大那颗留在少年龙颈椎骨里的牙齿，挺酷的。一亿五千万年后，公元 2004 年 3 月下旬的一天，我们发现了它的印迹——

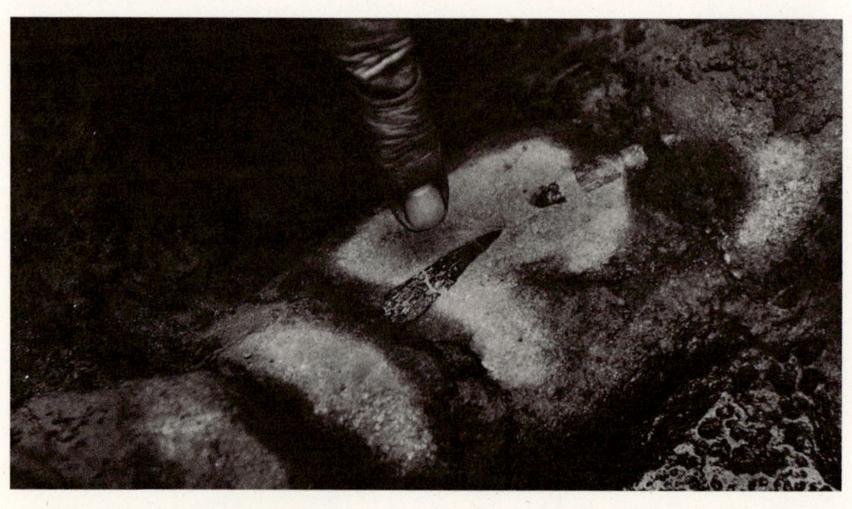

—

吃饱喝足的四川龙们结伴散去，找地方消化肚里满满的干货去了。

太阳当顶，海风徐来。空气中的血腥味一点点飘散。翼龙在天空中飞翔，昆虫在土壤间穿梭，河流与湖泊依旧发出潺潺水声，马门溪龙和剑龙们依旧成群结队、不紧不慢地在林间徜徉。侏罗纪的乐园里，生机勃勃，岁月静好。

少年马门溪龙和小剑龙的残骸躺在原地，成为丛林里一道固定的景观，再没有谁去搅扰。

日落，月升，星光灿烂。月隐，日出，又是一天。日子一天天流逝，丛林居民们脚下的这块大地，迎来了新一轮沧桑巨变。

少年马门溪龙死后大约一千万年，劳亚大陆上的中国地块，发生了轰轰烈烈的燕山运动。大陆板块从北向南挤压，一路造出无数崇山峻岭。大陆西部沿海出现了唐古拉山脉，古地中海开始缓缓退缩。地壳冲击力将三峡丘陵揉搓成了一道道褶皱，巫山持续升高，截断天上云雨，成为世间有名的高峰。

燕山运动一直持续了数千万年，直到恐龙灭绝前数百万年方才停歇。夹在四川盆地与三峡之间的这片湖畔丛林，在地动山摇中悄悄改变着容颜。

由于巫山崛起，从前西流入海的河流水量更大，水势更急，将丛林劈为南北两半。河流北边的那块叫北岸，南边这块嘛，自然就叫南岸了。

这就是古长江的雏形。它与今日长江最大的不同，就是流向相反。

恐龙终于在6600万年前的某一天彻底消失了，湖畔丛林里有了新的住客。大约3500万年后，喜马拉雅运动来了。青藏高原从海里隆隆升起，宣告了古地中海的终结。劳亚大陆和冈瓦纳大陆分崩离析，七大洲、四大洋的现代海陆格局闪亮登场。

喜马拉雅山东部的这块亚欧大陆，就是我们至今居住并深爱着的祖国。

青藏高原把祖国大陆的地势翻转为西高东低，唐古拉山脉雪峰上的水蓄势而下一泻千里，抱定古长江来了个 180 度原地掉头，切穿巫山，一路向东奔往太平洋。

对，今天的长江诞生了。

又过了 3000 万年。一系列大地震在陕甘交界的高山里，造就了又一条大江。它从峡谷中奔腾而出，夺走了汉江西段，接着一路南下，继而东出四川盆地，最后斜斜插过那片湖畔丛林的北岸，在丛林边缘汇入了长江。

这就是今天的嘉陵江。它与长江一北一南环抱住的那块湖畔丛林，今天叫作中国重庆。它汇入长江的那个丛林之角，今天叫作渝中半岛。半岛顶端那个交汇点，今天叫作朝天门。

嘉陵江北岸的这片丛林，今天叫作重庆市江北区。少年马门溪龙倒下的那个位置，就在江北区内嘉陵江边的一个小地方，今天叫作大石坝街道。

沧海桑田，湖畔丛林不知经历了多少轮下陷、抬升，可是巨龙死去的这片区域，并没有倾覆破碎。它一直以一个整体的形态运动着。湖泊可以消失，森林可以损毁，泥沙可以淤积，遗迹可以被掩埋，但是，这片侏罗纪地层始终被抬升在地底的高处，甚至比后来的白垩纪地层还要高，成为最接近人类的中生代遗址。

少年马门溪龙的遗骸变成了化石，定格在了嘉陵江边的一处浅滩上，被层层砂石包裹了起来。

年复一年，潮起潮落，砂石外壳渐次剥落。只要你有心，就能发现它，从而按下历史的快退键，徐徐穿越一亿五千万年的时光隧道，看到那一年、那一天江北真实发生过的龙的故事。

那可是重庆、中国乃至世界共同的来路。

一

1981 年，有人在江北区观音桥街道猫儿石一家工厂的厂区内，发现了一具完整的剑龙化石，从头骨到尾椎骨，一应俱全。

3 米多长的娇小身材表明，这是剑龙科里此前从未见过的新属种。你一定能猜到，它就是那条往东逃出了两公里却仍被四川龙阿七追上吃掉的小剑龙。

不过也不用太较真啦。因为没有证据表明这条剑龙曾目睹过那场丛林凶杀案，也没有证据表明它是受惊吓后逃到猫儿石这家工厂里来的，甚至也没有证据表明它就一定是死于阿七之手，而没有别的死因。

但可以肯定的是，它与马门溪龙和四川龙生活在同一时期的同一个区域，那就是小小的江北。它们每天碰面过招的机会，确实很多。

这种前所未见的剑龙很快有了一个响亮的名字：江北重庆龙。剑龙科，重庆龙属，江北模式种。

中国是全世界发现恐龙化石最多的国家。四川—重庆则是中国发现侏罗纪恐龙化石最多的地区。而在重庆传统的主城九区里，江北，是唯一一个用区名命名了一种恐龙的区。这对普通江北人来说，显然是一次最好的科普教育，必会带来良好效果。

20 年后，效果来了。2001 年，大石坝前卫仪表厂退休职工赵大斌，在大石坝嘉陵江边的河滩上发现了零散的恐龙化石。这又是一具剑龙，与江北重庆龙的特征高度吻合。

赵大斌发现剑龙化石的地点，距当年那场丛林惨案的现场只有一步之遥。这会是那条被四川龙阿四、阿五、阿六撕成碎片的小剑龙吗？

不管怎样，赵大斌的举动都极大地激励了同事们。少年马门溪龙重见天日的时候，就要到了。

一

2004 年 3 月 18 日下午，嘉陵江水流湍急，桃花汛蓄势待发。

大石坝前卫仪表厂退休职工杨金国闲来无事，约了几个老朋友去河滩散步。走到一处深入江心的浅滩时，杨金国一眼就看见了几块奇怪的石头。它们镶嵌在砂石之间，形状相同，排列规则，完全不像自然所为，更像是一种脊椎骨之类的东西。

杨金国回家告诉了妻子胡玉秀。胡玉秀顿时联想到了三年前同厂职工老赵的经历。他都能在那地方发现恐龙，我们为什么不能呢？

第二天一早，胡玉秀叫老公带路，又到那个叫作“糍粑石”的河滩上去看了一次。她相信自己的眼睛：那几块奇怪的石头，一定是某种大型动物的骨头。那么除了恐龙，地球上还有谁配拥有这么大的骨头呢？

胡玉秀回家就拨通了重庆自然博物馆的电话。

随后二十多天里发掘那些事，就不用多说了。总之，我们在石门大桥下、北滨路边的“糍粑石”上，得到了那条少年马门溪龙的遗骸化石。除了头骨和部分颈椎骨无迹可寻外，其余部分都在，完整度高达 80% 以上。

我们清楚地看到了巨龙死前的诸多细节，包括它颈椎上嵌着的那颗獠牙。所以我们才能大致推想出一亿五千万年前湖畔丛林里那血色的一天。

“糍粑石”很快就被嘉陵江桃花汛淹没了。几年后三峡工程实现了 175 米蓄水，它就再也没有露出过江面。基本上，没有机会再去那一带寻龙了。

少年马门溪龙的遗骸化石经过清修复原，如今矗立在重庆自然博物馆恐龙厅里，编号“06”。它虽属于马门溪龙科，却呈现出了不少新特点，所以有必要给它一个新的命名。

于是有人给它起了个名字：神州巴渝龙。马门溪龙科，巴渝龙属，神州模式种。

不论命名是否科学，这都是一个让重庆人振奋的名字。2004那一年，重庆直辖才7年，正处在一个积蓄力量、奋起直追的低姿态。比方说，修桥铺路这种体现城市态度和内功的苦差事，就成了那时候重庆人最为关注的话题。

神州巴渝龙在嘉陵江滩上静卧亿万年，终于等到了重见天日，这个传奇故事所蕴含的东西实在太多了：生命的韧性，爆发的价值，坚守的意义，低调的魅力……

新重庆当然需要这样的故事与精神。

“糍粑石”上的发现与发掘引起了媒体极大关注，相关报道接连不断，成了那段时间全市唯一的新闻热点。时任中共重庆市委书记黄镇东的一次周末到访，则把这场全城恐龙狂欢趴推向了高潮。

在中国近百年来的恐龙发掘与研究史上，这样的全民参与热度前所未有。它至少说明了一件事：关注恐龙，就是在关注人类自己的来路与去路。

重庆自然博物馆原馆长欧阳辉说，就为这个，我们就应当记住江北。

—

57岁的欧阳辉跟恐龙化石打了半辈子交道。他一直有个心愿，希望能在退休前实现：

通过深入研究，为大石坝出土的这具恐龙取一个国际公认的有效学名。

从2004到2021，已经过去了17年，因为种种原因，我们对这条恐龙的研究仍停留在初级阶段，至今未在国际权威学术期刊上发表过正式论文。这就意味着“神州巴渝龙”这个命名，并没有获得国际公认。

17 年的蛰伏等待已经很漫长了，是时候做一点事情，来一次爆发了。这跟当年那次轰轰烈烈的发掘道理相通：

寻龙于野，终究是为了飞龙在天。这才是龙的传人应揣的梦想。

晋毅 摄

第二章

汉阙无铭

——大石坝——盘溪无铭阙

一

前面说过，“神州巴渝龙”化石的栖身地，在江北区大石坝街道辖区内的嘉陵江边，上游二三百米外就是石门大桥。大桥北桥头西侧数百米开外，则是石马河街道辖区内的一处岸边高坡，名叫盘溪。

记住这个名字。在这本书里，你会不止一次看到盘溪。

如果有人想从盘溪蔬菜批发市场开车去往北滨路，那么在接近石门大桥北桥头的一处红绿灯那儿就得右拐下坡，进入一条弯弯拐拐的支路。支路走到一半，右边又会出现一条笔直的支路。顺着这条路拐进去二三百米，就到了一个叫作“香炉湾”的小地方。

这是一个凭江望月、把酒临风的好地方。无论在哪个时代的中国人眼里，它都是一处风水宝地。宝地必有宝物，所以刚进香炉湾，便能一眼看到一座高大的石阙。

1980年，这座千年石阙因风化严重，岌岌可危，被四川省政府建了一座廊庙给保护了起来，锁得严严实实。今天你若想看到它的真容，还得请文管部门拿钥匙来开门。

门开了，故事便开始了。让我们先从“阙是什么”说起吧。

二

阙，通“缺”，本意为两段城墙之间的缺口。自西周开始，它就以一种石质构筑物的形式存在着。一般都是成对打造，一左一右立在宫殿、祠庙门前，以象征王权。

到了汉代，阙这东西被玩到了极致，在形制、体量、雕刻工艺、艺术价值等各个方面，都创造了历史纪录——目前全国已发现了约30处石阙，除个别属晋代外，大都是汉阙。其中最高的将近7米，最矮的也有4米左右，动不动就是一两层楼那么高。

要知道在遥远的汉代，几乎所有住宅都是木质的，那会儿的建筑技术没办法支撑多大的高度，即便是皇宫，几层楼就已不得了了。

所以想要让某幢建筑鹤立鸡群、与众不同，就只有一个办法：筑台。先垒一个山坡那么高的地台，再在上面盖房子。所谓“燕昭北筑黄金台，四方豪杰乘风来”，或者“凤凰台上凤凰游，凤去台空江自流”，都是这个意思。

这样一说，你就明白汉阙有多高大威猛了。

所有的汉代石阙，都是当时木质建筑的仿制品。匠人们在高高的石头上一刀一刀雕刻出枋子、楼台、窗户、斗拱、屋檐、瓦当、屋顶等建筑构件，无不惟妙惟肖、以假乱真。

他们还会用高超的浮雕技法，在阙身上刻出各种精美图案。这些图案大致可以分为两类：

一类是神话传说中出现的各种意象，如青龙白虎、珍禽异兽、山海仙境、日月祥瑞等等；一类是当时当地社会生活场景的还原，如官员出行、狩猎宴乐、谒见考核等等。

漂亮的石阙用来干什么呢？在汉代，它的应用场景一般有四个：城门外一左一右，叫作城阙，所谓“城阙辅三秦，风烟望五津”；

宫门外一左一右，叫作宫阙，所谓“不知天上宫阙，今夕是何年”；

宗祠寺庙外一左一右，叫作庙阙；坟墓前一左一右，叫作墓阙或陵阙。到了李白的时代，这些东西还成群结队地矗立在长安城外、乐游原上：“咸阳古道音尘绝，音尘绝，西风残照，汉家陵阙”。

无论哪种场景，只要汉阙现身，无不意味着神圣的权威、庄严的气氛、高贵的等级、尊崇的身份。

两千年过去了，今天的中华大地上已找不到一处汉代建筑的遗存。但我们仍能准确还原出各种汉代建筑的模样，还能做到栩栩如生、宛如亲见。其中的诀窍之一，就是因为有这 30 处汉阙。

它们在记录、保存、还原汉代历史文化真相上的价值，不亚于以文字传世的《汉书》，还能与《汉书》互为印证、交相辉映。

所以它们有了一个响亮的名字：石质《汉书》。

二

两晋以后，阙这种以石仿木的特殊建筑物，便渐渐淡出了历史舞台。汉代就是它最辉煌的年代。

现存的 30 处汉阙中，有 21 处位于川渝地区。原因大约有两个：一是两汉时期蜀道过于艰险，让四川盆地与世隔绝，躲过了不少战乱。社会因此相对安定，川人当然就有精力、有心情去鼓捣这粗笨的玩意儿；

二是“天府之国”物产丰饶，既然社会相对安定，就能培育出相对发达的经济。因此跟汉代纷乱不已的关中和中原比，川人较为富足，很多人都有财力去立阙。

川渝大地的多处汉阙里，重庆有 5 处：忠县丁房阙、无铭阙、乌杨阙；万州武陵阙；盘溪无铭阙。

嗯，到这儿你就知道了，盘溪这座汉阙的名字，叫作无铭阙。

它跟忠县那座无铭阙一样，阙身上除了图案，一个字的铭文也没有。不是被岁月风化或人为破坏掉了，真是一开始就没刻上去。

但我们仍然知道，盘溪阙跟 30 座现存汉阙里的大部分同伴一样，都来自东汉时期，而且都是墓阙。

为何如此肯定呢?

有铭文的汉阙，很好判断年代和功能。例如四川雅安的高颐阙，铭文犹存：“汉故益州太守、阴平都尉、武阳令、北府丞、举孝廉、高君、字贯方”；不仅有官职和姓名，还有立阙年代——“建安十四年”，公元 209 年，妥妥的东汉末。

再如四川渠县的冯焕阙：“故尚书侍郎、河南京令、豫州幽州刺史冯君神道”。这位冯焕君的年代也很容易判定，因为他儿子冯绲（gǔn）在《后汉书》里被立了传，里面提到了冯爸爸的卒年——东汉建光元年，公元 121 年。

所谓神道，就是从墓阙到后面坟墓之间的那段距离。东汉人比西汉前辈们高调，喜欢炫富攀比，所以升仙这么重要的一件事，必须大操大办。但凡有点身份地位和经济实力，都想在死去亲友的墓前立一对高阙，再配一条神道，那样就有了踏进仙界大门的仪式感。

那没有铭文的汉阙又如何断代?

答案就在阙身上雕刻的图案。刚才已说过，这些图案可以分为“神话”和“现实”两大类。不管哪一类，现存汉阙的雕饰有一个共同点：与已发掘出的东汉晚期画像砖系出同源。这就是说，无论从雕刻艺术手法还是反映的生活风貌来看，它们都是东汉作品无疑。

这里面，当然包括盘溪无铭阙。它不可能是城阙和宫阙，也不可能是庙阙，当然就跟其他汉阙一样，是一道通往仙界的大门了。

—

在江北区的境内，我们已发现了不止一处汉墓的遗址。然而，盘溪无铭阙四周却没有汉墓踪迹。

有阙而无墓的情况，不只盘溪有。就连刚才提到过的那座冯焕阙，在有明确铭文记载、还有一块残碑佐证的情况下，也没发现冯焕墓的所在。

没办法，与高大坚挺的石阙比，土造的坟墓实在是太脆弱了，别说天灾，两千年里随便来一次征地拆迁都能毁了它们。盘溪无铭阙所护卫的主人墓穴，自然也有可能湮灭在了历史深处，无迹可寻。

幸好，老天还留下了一座右阙，就是你眼前这座。

对，阙本来就是成对出现的，有右必有左。我们现在说的盘溪无铭阙，的确只有一座，而且是右阙。至于左边儿那座嘛，已经在 1940 年 2 月前的某一天，倒掉了。

那一天，有一位国立中央大学历史学系的教授带着几个学生，坐船过江来到盘溪，专程寻访这对汉阙。等他们爬上香炉湾的时候，就发现左阙已经倒在了田野里，只剩右阙孤独矗立。

两座阙通高大约 4.15 米，阙身上都没有铭文。左阙雕刻着青龙衔玉和伏羲捧日，右阙则是白虎衔璧和女娲捧月，无不精美绝伦，令人叹为观止。

这位教授名叫常任侠，是我国著名的美学和艺术学家。他经过现场勘查后，做出了一个重要的判断：

伏羲和女娲的图案，是盘溪无铭阙所独有的，川渝地区其他汉阙上都没有出现过。而这种图案在东汉末期的画像石和画像砖上比较常见，造型手法跟盘溪无铭阙基本一致。

据此我们便不难推测——盘溪无铭阙的出品年代就在东汉末期，尤其是建安年间的可能性较大。

建安，一个多么熟悉的名词。

今天，你站在盘溪这座孤独汉阙的身前，不知能否从那酥软不堪、却仍顽强屹立的躯体上，看到“白骨露于野、千里无鸡鸣”的惨淡真相，听到“对酒当歌、人生几何”的烈士心声，触摸到“天下英雄谁敌手、曹刘”的历史脉动？

一

阙关乎着礼义纲常，得讲规矩。

西汉那会儿，朝廷的规定是相当严格的：秩二千石以上的高级官员，死后才有资格在墓前立阙。

“秩二千石”是两汉的一个官制术语，意思是年俸二千石（以米价为基准折算金额）这个级别。在地方上，只有州刺史和郡太守够资格死后立阙。当然，东汉末又出现了一个新职务：州牧，年薪二千石以上。

西汉的规矩执行到了东汉，渐渐就不那么严格了。原因主要有两条：

第一，东汉越到后面越乱，一会儿外戚专权，一会儿宦官专权，到最后群雄并起，天下大乱，总之底下人就不太爱讲规矩了。不就给死人立个阙嘛，领导立得，群众难道就立不得？

第二，乱归乱，东汉经济还是有所发展。地方上有不少牛人，依靠土地兼并、种植贸易等手段发了家致了富。他们虽然举不了孝廉、考不上秀才，导致当官有难度，但可以买官杀入体制内啊。即便一时买不了也没事，实力野心摆在那儿，一切皆有可能。

这就直接喂大了东汉末期的一股重要社会力量：地方豪强。比方说张飞张翼德，就是河北民间一个成功的杀猪匠，还开了自己的酒庄。要是没有他自带的天使投资，刘关张这个组合一开张就要关张。

在土豪的世界里，钱能解决的问题就不叫问题，包括立阙。

二

可是有一件事很难办啊——既然立阙是那么庄重的一件大事，那么阙上的文字图案，就应该尽量体现墓主生前的功德事迹，对吧？

官员很好办。别说是二千石的省长、市长了，就连千石的县令、四百石的县长助理，随便列几个头衔、还原几个日常工作和生活场景就够唬人了。他们的家人当然乐意在阙上刻铭文了，同时还要精雕细琢亡故亲人生前的足迹，例如出巡啊、打猎啊、开会啊、唱 K 啊之类的暖心画面。

再加上一些历史典故、人物故事之类的佐料就更好了，就能显得逝者特有文化，一个个都是学者型官员。

可苦了那些政治上无所斩获的豪强。他们除了能挣钱，似乎没有什么值得炫耀的东西。于是他们死后阙虽然是要立的，但铭文是不好意思写的。人家都是什么尚书、什么刺史、什么县令的一大堆，你总不能写个“已故著名杀猪艺人、著名酒庄 CEO”上去吧？

而阙身雕饰也就变得单一了——只能翻来覆去雕琢神话里的幻象、寄托升仙后的愿景，而走不了现实路线。就他们那粗俗的人生，除了止增笑耳，没有任何意义。

把握住了这一点，你就可以在众多无铭阙里大致判断出墓主的身份或所处的社会阶层了：

如果无铭阙是子母阙（每座都是一高一矮铆接为一个整体），而且雕饰里出现了现实题材，那就极有可能是一个高官的墓阙。因为这种子母阙叫作“二出阙”，专供汉代年薪二千石以上领导。

都玩到二出阙这么高大上了还没有铭文，那就有可能是出了某种状况，来不及刻字。

比方说忠县乌杨阙就是一个典型。它是子母阙形制，而且是左右双阙俱在，显然是一个高官所有。之所以没有铭文，极有可能是因为阙刚建好、还没来得及刻字，施工场地就发生了塌陷，将崭新的阙身埋到了土里。

所以在 30 处现存汉阙里，乌杨阙是一处罕见的经发掘才现身的汉阙。其他汉阙都是杵在野地里风吹日晒了两千年，它却是在地下淤泥里藏了两千年，保存得极为完好。

于是在 2002 年，它被请进了重庆三峡博物馆，成了镇馆之宝。

如果无铭阙是单体阙身，那就叫“单出阙”。如果阙身上的雕饰也完全取材于神话传说或祥瑞意象，看不出墓主生前风采，那基本上就可以断定——

墓主要么是个年薪一二百石的低级官吏，例如小县城的县丞（县长助理）、县尉（公安局长），要么就是一个货真价实的土豪。他们虽然有钱、敢立阙了，却还不敢在规格上继续僭越、去整一个高官特供的二出阙，那样容易招祸。

显然，你眼前这座盘溪无铭阙，就是这么一个“单出阙”。

—

在 30 处现存汉阙里，盘溪无铭阙 4.15 米的身高算是最矮的那拨了。

它那仿自东汉末川东地区民居造型的阙身，是独石筑就而不是几块石头镶成。阙顶只有一重檐（模仿屋檐造型的顶盖结构，二重比一重更豪华），阙身正面一个开间、进深也是一个开间，看上去户型面积不错，但还不算太土豪。

这似乎暗示着，墓主生前的居住条件及其经济实力，应处在东汉末年社会的中层。

那么，我们可以据此勾勒出这个神秘墓主的大致轮廓吗？他是个什么样的人呢？他在东汉末年的盘溪乃至重庆历史上，做过些什么呢？

可是盘溪汉阙默然不语。无铭，无墓，无资料佐证，无其他证物，这些问题可能永远也不会有答案了。

但如果换一个问法，比方说这样：盘溪无铭阙曾经的这个主人，在东汉末年的嘉陵江边看到过什么？经历过什么？

那情况就不一样了。我们就可以从容回望两千年，从一个个真实的人物和故事入手，去复盘一段盘溪无铭阙亲身参与过的历史。

一

东汉永元元年，公元 89 年，秋七月。北方大漠戈壁深处的一座高崖下，旌旗猎猎，战马嘶嘶，铁甲凛凛，戈矛森森，一派庄严肃杀之气。

近一个多月来，大汉国舅爷、车骑将军窦宪，执金吾（yù，官名，相当于首都警备区司令）耿秉率领一支由汉军和各少数民族军队组成的王师，去塞三千余里，大败北匈奴，一举消除了帝国的北疆威胁。

大军追击北匈奴残兵一直追到了刚才说的那座高崖下，方才作罢。这座高崖位于今天蒙古国的中部，叫作杭爱山。可是在公元 89 年的那一天，它有另一个名字：

燕然山。

这是继卫青、霍去病之后，大汉对战匈奴最痛快、最具决定意义的一场大胜。窦总嗨翻了天，觉得应该效法霍去病封狼居胥的壮举，在当地留下点儿印迹才好班师凯旋。于是他对身边一个老参谋说：

“班先生，你是天下闻名的笔杆子，本司令想请你写篇美文刻到这燕然山上，让我大汉天威千古流传，可好？”

“棒棒哒！下官就不谦让啦，瞧好吧您呐！”

这位58岁的班老先生，名叫班固。他在61年的人生里干过两件千古流传的事，都是用笔杆子干的：一是写了部《汉书》，二是写了这篇《封燕然山铭》。

> “铄（shuò，亮堂）王师兮征荒裔，剿凶虐兮截海外。夐（xiòng，远）其邈（miǎo，还是远）兮亘地界，封神丘兮建隆嵑，熙帝载兮振万世！”

文采飞扬、气势磅礴的铭文在班固手上一气呵成，随即刻到了燕然山的崖壁上，成了祝捷大会上最隆重的象征物，从此便一直象征着华夏民族文治武功的至高境界。

近两千年里，这块铭文石刻一直默默守在原地，饥餐朔风，渴饮黄沙，直到2017年4月的一天，才被今天的人们发现和确认。把它与《后汉书》里收录的原文一对照，几乎一模一样。

这就叫真实的大汉天威，真正的千古流传。

班固在祝捷大会上的风采，折服了现场不少人，其中就有一个20多岁的年轻助手。他来自益州巴郡宕渠县，他的家乡现在叫四川渠县，他的名字叫冯焕。

对，前面提到过的那座冯焕阙，就是为他而立。

—

冯焕跟随班固勒石燕然的故事，民间流传已久。虽然还缺乏更多史料确证，但从他日后的人生轨迹中，隐约看得到前辈的些许风采。

正如阙上铭文所列，冯焕官运很好，挂了尚书侍郎的头衔，当过河南京令，也当过豫州刺史，还当过幽州这种大州的一把手。东汉共分十三州，其中幽州的地盘特别大，从北京一直管到了朝鲜半岛北部。

冯焕这人跟班家的哥俩有点像，都是那种认死理的正人君子，不管坐在哪个位置上，嫉恶如仇、六亲不认的臭脾气从来不改，因此结下了不少仇家。

可他并不在乎。想想也是——如果连燕然山这种史诗级的大场面都经历过，那还有谁好怕？没必要委屈自己成全别人，对吧？

东汉建光元年，公元121年初，朝鲜北部的高句丽王起兵叛乱、攻袭辽东，幽州刺史冯焕当即发三郡之兵迎敌，大获全胜。后来战局多次反复，但总的来说局面一直都在掌控中，只是不那么痛快而已。

当初的仇家逮到了机会，伪造圣旨将冯焕及其属下——玄菟郡太守姚光构陷下狱。姚光官小点儿，很快就被砍喽。冯焕在牢里一时想不开，准备自杀明志。

幸好他儿子来探监了。对，就是前面说过那位进入了《后汉书》的大人物，冯绲。这儿子真是比老子更优秀，他一眼就看出了那道假诏书的破绽，力劝老爹上书自辩。冯焕听了儿子的话，果然成功伸冤脱罪。可出狱时他很可能已年过花甲，被牢狱之灾耗尽了元气。

公元121年年中的某一天，冯焕死去了，朝廷将他隆重葬在了洛阳。而在千里之外的渠县家乡，族人和下属们也为他建了一座衣冠冢，冢前郑重地立起了一对二出阙，阙身上用漂亮的汉隶，铭刻下了他的人生履历。

冯焕的家乡有一条江，东汉时叫宕渠河，今天叫渠江。它在渠县境内迤逦而过，沿途接纳了无数支流，长途跋涉到今天重庆市合川区境内，一头扎进了嘉陵江的怀抱。

嘉陵江紧抱着渠江，向着朝天门的方向继续前行。离朝天门还有几公里时，轻轻淌过了盘溪的脚面。

冯焕仙去的时候，盘溪的高坡上还不一定有这对无铭阙。但它们的主人，很可能就要来到人间。

一

冯焕死后大约63年，到了汉灵帝中平元年、公元184年，农历甲子年。苍天已死，黄天当立，岁在甲子，天下大吉——黄巾军揭竿而起了。

冯焕曾主政过的幽州，是黄巾军最活跃的地区之一，这时候的刺史叫刘焉。贼兵势大，官军势寡，刘焉只能张榜招兵，不论高低贵贱，能打就行。

这一张榜不打紧，激起了幽州涿县三位民间好汉的雄心。这三个人，一个是织席贩履的卖货郎，一个是屠猪贩酒的个体户，一个是长髯飘飘的公安部A级通缉犯。

你已经知道他们仨是谁了，对吧？

总之，刘焉给了刘关张三兄弟最初的机会。致富小能手张翼德倾家荡产拉起了一支五百人的队伍，在大哥刘备的统一指挥下，星夜投到了刘焉帐前。一叙家常，二刘不禁深情相拥——

刘焉祖上是汉景帝之子、鲁恭王刘余。这位刘余有个十弟叫刘彻，就是震古烁今的汉武大帝；还有个九弟，也就是汉武帝的九哥，名叫刘胜，受封中山靖王。而这位靖王殿下，就是刘备刘玄德的祖上。

原来都是皇室一脉，刘焉一不留神招来了自己的侄儿。

贤侄带着两个兄弟一出手就打了几个大胜仗，解了幽州之围。刘焉还没来得及摆酒庆功，立功心切的三兄弟就杀向了别的战场。

不用遗憾，二十多年后，这位中国好侄儿还会跟刘焉家发生故事的。

黄巾之乱平息了，刘焉痛定思痛，觉得幽州、冀州这些地方都不安全，得去更远的地方建立一个属于自己的根据地。他盯上了遥远的益州，也就是几乎与世隔绝的巴蜀大地。

公元188年，刘焉上书朝廷，说各州刺史都已腐败透顶，建议恢复已废止上百年的州牧制，选择皇亲国戚或朝廷重臣去各州当州牧，重整吏治。他毛遂自荐，认领了益州牧。

很快刘焉就奉旨入蜀了。他从荆州上船穿过三峡，到达了长江与嘉陵江交汇处的巴郡郡治所在地。这个地方叫北府城，现在的名字嘛，叫作江北城，离盘溪不过几公里远。

那他如何去到益州州治所在的绵竹呢？东汉那会儿，长江一带还是蛮荒之地，嘉陵江流域才是首善之区。所以刘焉只能从江北出发，沿嘉陵江逆流而上，走南充、阆中、广汉一线，到达成都平原。

那时候的盘溪香炉湾里，那对无铭阙也许还没出现。但它们的主人多半能听到刘焉车队发出的巨大动静，也多半会在闲暇之余，跟乡人们热烈议论这位新来的巴蜀之主。

—

益州也是一个超大的州，今天的云贵川渝基本都是它的地盘。能把这么大块地方在短时间内稳定下来，刘焉还是有两下子的。

但他犯了两个要命的错误。一个是跟当地一个漂亮的女巫师胡搞，还搞出了感情，于是徇私重用了甜心的儿子，派他进占汉中。这个女巫之子的名字叫作张鲁。他一占汉中便成了一方诸侯，刘焉再也拿捏不住，从而给自己留下了无穷后患。

另一个错误就是志大才疏，竟然生出了不臣之心，打造了上千辆只有天子才能坐的车驾，简直匪夷所思。结果被他的另一个好侄儿——荆州牧刘表参了一本，日子过得相当狼狈。

朝廷开始警觉，刘焉留在京城的三个儿子都成了准人质，他费尽心思才接回了最小的那个，名叫刘璋，字季玉。至于另外两个，后来都死在了长安的乱局中。

汉献帝兴平元年，公元 194 年，绵竹突发大火，全城遭殃，那上千辆僭越的车驾也被烧得干干净净。刘焉被迫把州治迁到了成都，一进城便背疽发作，没多久就挂掉了。

父死子继，刘璋成了益州的新主人。他刚上台就干了件大蠢事——杀了老爸心爱的女巫，也就是张鲁同学的妈妈。理由很是正当啊：色诱主公，秽乱内府，败坏家风，简直死有余辜。

汉中张鲁就此跟益州刘璋结下了血仇。随后的十来年里，张鲁动不动就兴兵犯蜀，智商能力都捉急的刘璋根本不是对手，回回被打得满地找牙。终于在建安十六年、公元 211 年的某一天，刘璋受不了了，要找人来帮他打张鲁。

找来找去，他找到了刘备，老爸多年前在幽州相认的那位中国好侄儿，他的中国好兄弟。

刘备带着庞统、黄忠、魏延和几万兵马，沿着刘焉当年那条入蜀路线来了，分毫不差。两年多后，诸葛亮、张飞、赵云又带着几万兵马，沿着同样的路线来了，还是分毫不差，只不过目标已从张鲁变成了刘璋。

前后才两三年工夫，刘备的两路大军纷至沓来。当他们从江北一隅水陆并进直奔成都平原时，盘溪那对无铭阙多半已矗立在了嘉陵江边，天天都能听到车辚辚马萧萧，都能看到行人弓箭各在腰。

这是三国鼎立之势达至巅峰前的经典一战，也是伟大的隆中对即将完成的第二步，千古传诵，脍炙人口。盘溪无铭阙都看在了眼里。

就像燕然山上那块穿越两千年重现人间的石刻一样，世上还有什么东西比石头更长寿、更能见证活生生的历史呢？

—

诸葛亮他们要去成都平原接应刘备，必得彻底控制巴郡。前面说过，巴郡的郡治在江州北府城，也就是江北城。巴郡的太守，是一位名叫严颜的老同志。

老同志很能打啊，张飞强攻多日也拿不下他。那会儿已是建安十九年、公元214年了，盘溪无铭阙身处战场，冷眼旁观，任箭雨如注刀风如怒，兀自岿然不动。

严颜最终战败被俘，江北城门大开。他效法战国巴蔓子，宁死不降："我州但有断头将军，无降将军也！"

张飞被深深感动了，当场上演了一出"义释严颜"的千古佳话。严颜也被深深感动了，从此成了刘皇叔帐下一员剽悍老将，带着张飞大军一路杀到了成都城下，后来还参与过大败曹操的汉中之战。

汉中大战刚打完严颜就去世了，据说葬在了四川巴中。但将军的老家在忠县一个小山村，村边有一条小溪流。跟冯焕的情况类似，遗体虽已异地安葬，族人们还是要在老家为将军再建一座墓，墓前肯定还要立一对与将军身份匹配的阙。

对，今天重庆三峡博物馆里那对完美如初的乌杨阙，千百年来就一直被人们认为是严颜的墓阙。乌杨阙现身的那个小山村，至今被称为将军村，村边那条小溪，至今被称为将军溪。

严颜很可能看到过盘溪无铭阙。如果看到过，他说不定会去思考一件事：到底要用怎样的人生，来为自己预订一对合适的墓阙呢？

有可能看到过盘溪无铭阙的人不只严颜。还记得前面提到过的四川雅安高颐阙吗？那位姓高、名颐、字贯方的阙主人，他当过什么官吗？

对，北府丞，也就是北府城长官的助理，常驻重庆江北城，距盘溪不过十几里路，弹指可至。

高颐死于建安十四年，公元209年。不到一年前，千里外的长江上爆发了惊心动魄、名垂青史的赤壁大战。他是见证者，盘溪无铭阙也是。

—

站在盘溪无铭阙斑驳的躯体下，你静静地凝视它就好。它就像一个伤痕累累的月光宝盒，不必触碰，便能带你任意穿越历史的天空。

公元279年，西晋咸宁五年，晋武帝司马炎发动了统一天下的最后一战——攻灭东吴。从重庆到奉节的数百里江面上，晋军将士昼夜赶工，打造出了千艘巨舰，然后在龙骧将军王濬的统率下直出三峡、杀进南京，完成了三国归晋的伟业。

一段有名的历史结束了，又一段有料的历史开始了。头尾相接，循环往复，一波未平，一波又起。

盘溪无铭阙依旧默然不语。它在等待500多年后的一位诗人。这诗人会来重庆，还会写下一首著名的怀古七律，替它说出心中的感慨：

王濬楼船下益州，金陵王气黯然收。千寻铁锁沉江底，一片降幡出石头。

人世几回伤往事，山形依旧枕寒流。今逢四海为家日，故垒萧萧芦荻秋。

读懂了这首诗，就能读懂无铭汉阙。接下来，你也会成为它所经历并记住的历史。

重庆市文物保护单位
盘溪无铭阙
四川省文物保护单位

盘溪无铭阙
文物保护单位安全公示牌

明玉珍的大夏国又叫“明夏”或“蜀夏”，从开国到亡国只有八年多，就像一颗流星划过天际。比赛时间这么短，明玉珍却没能打满全场，登基三年后就病故了，年方三十八，还是虚岁，真是英年早逝。他死后被葬入了大夏国皇陵。这个陵墓名叫“睿陵”，坐落在江北区江北城街道的宝盖山上。

今天的江北城，有一个堪比浦东陆家嘴的别名：江北嘴。在过去很多年里，江北城虽与朝天门隔江并立，却远不及对岸繁华。这无形中让人们淡忘了一件事：

重庆最早拥抱中原文明的地方，是嘉陵江北岸，而不是南岸。在三国蜀汉时期以前，重庆城的中心都在弹丸之地江北城，而不在渝中半岛上。

如今江北嘴已成了中国西部的金融中心。它用一座造型奇特的大剧院，以及极具国际大都市范儿的摩天大厦群，与对岸的渝中半岛遥相呼应，共同构成了重庆独一无二的城市地标。尤其是夜幕降临华灯初上时，更能焕发出天堂般绚烂的城市光华。

可是仅仅 20 年前，江北城还是一个拥挤嘈杂的居民区。区区 1 平方公里多点的空间，一条上横街、一条下横街，差不多就撑起了全部。数万人就在狭窄的巷子里生活劳作，摩肩接踵，日复一日，就像老北京皇城根儿下的大栅栏一样，喧闹杂乱，却又带着一股莫名其妙的自信。

江北城的确挨着皇城。不过它好像知道这尊贵的履历只有八年，即便只跟史上那一堆“大夏”比，寿命也只能排倒数第二，拿不出手。怎样才能让自己如皇帝们所梦想的那样千秋万岁、长盛不衰呢？

只有不停向前走。

一座城就像一个人，逆水行舟、不进则退，这道理从古到今大家都懂。然而不懂的人也不少啊，包括那位长眠在江北城地底下的大夏皇帝。

一

在各种史书里，明玉珍的皇陵有过两个名字。

一个是“永昌陵”，与宋太祖赵匡胤的永昌陵同名，另一个是“宝盖山陵”。宝盖山刚才提到过，就是江北城上横街一带的一个小山包，坐北朝南，直面长江，适合安放一座帝王陵墓。当然，这两个名字都不够准确。

那我们是怎么知道“睿陵”这个准确的名字的呢？

1982 年 3 月底，江北城上横街里的江北织布厂在搞改扩建工程，厂区内的地面全被翻了起来。3 月 30 日那天，挖掘机照例挥铲刨地，突然“咣当”一声，撞到了土里一个坚硬的东西，还夹杂着木板碎裂的“咔嚓”声。

工人们下去一看，砂土里赫然冒出了一座古墓。条石垒成的拱形墓顶已被挖塌，就连墓中那具木质棺椁的外椁顶部，也被砸塌了差不多一半，露出里面那具略显阴森的内棺。

在地下安睡了六百多年的大夏国太祖皇帝、谥号“钦文昭武皇帝”的明玉珍，就这样被一次小概率事件砸中，重见天日。

随棺椁一起出土的还有一块“玄宫之碑”，是明玉珍手下亲信大臣所立。长达 1004 个字的碑文详尽讲述了“太祖”从建国到崩殂的全过程，时间坐标清清楚楚。碑文最后明确告诉我们：这皇陵不叫永昌陵或宝盖山陵，而叫睿陵，是他们睿智的皇帝玄宫所在。

史书中关于元末很多大事件的记述错漏，由此得到了订正。一个有意思的王朝故事，也因此更为丰满清晰。

这是一个富有警示意义的创业指南，能催生很多思考。这也是一个颇具传奇色彩的元明话本，三国与金庸的影子穿梭其间，能让人读得相当过瘾。

故事得从 660 多年前的黄河岸边讲起。

一

元顺帝至正十一年，公元1351年，黄河又发水患，朝廷征发十五万民工治河。三月的某一天，民工们正在刨地的时候，锄头“咣当”一声，就像江北织布厂里那台挖掘机一样，砸到了地下一个坚硬的东西。

这是一座独眼石人，背后刻着两行大字：莫道石人一只眼，挑动黄河天下反。

民工们惊呆了。因为很早以前就有人告诉过他们一句顺口溜似的谶言，跟石人背上这句话一字不差。

原来黄河底下真有一个一只眼的石人，它是来带领大伙造反的。“这是老天的安排啊。老天最大，对不对？”一个叫韩山童的大哥级人物开始现场解读。

“必须的，我看老天就是这个意思！”旁边一个民工连声附和。他是韩大哥的小弟，名叫刘福通。

“那还等个啥咧，兄弟们，反了吧！”“中中中！反反反！”

火星迸射而出，眨眼便在十几万人中燃成了熊熊大火。大哥韩和小弟刘相视一笑，彼此心领神会。

原来这独眼石人就是他俩预先埋在地下的，而那句神预言也是他俩发明并扩散出去的。韩大哥是北方白莲教的首脑人物，自称宋徽宗第八代孙，早有反元复宋之志，而元朝末年通货膨胀、腐败残暴的社会现实，则给了他和小弟们最好的造反理由。

十几万民工陆续逃散，如星火般散布到黄淮大地，中国历史上又一次改朝换代大行动开始了。

—

当年五月，韩山童和刘福通在安徽阜阳一带起事，部众一律头裹红巾，史称红巾军。这支军队有一个口令：弥勒降生，明王出世。

当然了，这也是白莲教的口号。白莲教是一个源于唐宋的民间秘密教派，源自佛教净土宗，在演变过程中先后杂糅进了道教、弥勒教和摩尼教等等教义，到了韩山童、刘福通这儿，已经变成了一个信众遍及全国的反元大同盟。

那个摩尼教在中土有另一个名字：明教。张无忌的那个明教。

韩山童没多久就战死了，刘福通杀出重围，在淮泗一带打起了游击。八月，千里之外的湖北蕲春，又有一支红巾军揭竿而起。这支部队的老大名叫徐寿辉，也是白莲教内的好兄弟。此人是个布贩子，生就异相。后世有人揣测，他可能是长了一个显著的鹰钩鼻。

徐寿辉这人性子急——八月举事，十月打下了像样的城市蕲水（今湖北黄冈浠水县），他一分钟也不愿多等，立刻登基称了帝。国号没有悬念，就是大宋。

第二年，1352年冬天，徐皇帝听说附近随州随县有一个好汉，拥兵上千，元兵奈何不得。他求贤若渴，立刻派人去招聘。本来是好事，一张嘴就成了赤裸裸的威胁：

来，你我便同富贵；不来，就把你们全给突突了。考虑一下，亲？

那好汉从没见过这种用人单位，本来咽不下这口鸟气，可转念一想，徐寿辉自称百万之众，手下几万人马定是有的，自己手上这点儿本钱拼不起。况且大家都是要反元的，跟着他还有棵大树可靠，利大于弊。罢罢罢，从了他便是。

这个老成持重、善于权衡的随县好汉，就叫明玉珍，那年才23岁。巧了，他跟主公徐寿辉一样生就异相——“目重瞳”，大概就是有两层眼仁，黄金眼那种。

就因为徐寿辉这次流氓式的招聘，元末闹哄哄的群雄版图上，多出来一个重量级的选手。

—

明玉珍一入伙就脱颖而出。在一次战斗中，他被元军将领哈麻秃一箭射瞎了右眼，从此得了个“明眼子”的外号。几年后，他凭战功做到了大宋奉国上将军、统兵都元帅。

差不多同一时期，刘福通找到了韩大哥流落江湖的儿子韩林儿。据说这小林子曾跟过张无忌，把教主及准教主夫人周芷若伺候得极为周到，情商不俗。不过很快他就被刘福通接到了安徽亳州登基称帝，史称“小明王”，国号也是大宋。

东边韩林儿刘福通，西边徐寿辉邹普胜，两支红巾军、两个大宋东西呼应，撑起了江南半壁的反元大业。早在他俩之前，浙东沿海一个叫方国珍的盐贩子就已举起了义旗，虽然地盘小，还曾多次投降元兵，但他也建立过一个昙花一现的政权，还是叫大宋。

在这两大一小仨大宋之外，一个叫张士诚的江苏盐贩子也靠着十八条扁担起事，建立了一个叫作“大周”的政权，比大夏还厉害。后来被百万元军围攻差点儿壮烈牺牲，可他跟大周朝一样命硬，居然挺了过来。从此他不叫大周了，改称大吴，自封吴王。

除了张士诚，还有一个叫郭子兴的安徽财主也起兵攻占了濠州（今凤阳县一带）。这个人本事有限，经常被几个小弟欺负，被欺负了还拿小弟没办法。不过就像徐寿辉得到了明玉珍一样，郭子兴也很快等来了一个可以信任依靠的属下：

朱元璋。

徐寿辉和郭子兴还有相似之处：老郭手下有几个不老实的小弟，老徐手下也有，一个叫倪文俊，明玉珍刚入伙时的上司；另一个嘛，就叫作陈友谅。

对，混进丐帮的野心家，混元霹雳手成昆的狗腿子，朱元璋未来的死对头，陈友谅。

以上提到名字的各路英雄，就是在元末那场轰轰烈烈的农民大起义中崛起的佼佼者。他们先是相辅相成，把蒙元势力死死摁在了北方，无力南下；接下来，便开始相爱相杀了。

杀到最后胜出的那一位，就是我们熟知的朱元璋。而被朱元璋最后一个拿下的，就是明玉珍的大夏国。

那会儿，已经是大明朝洪武四年了。

二

从被徐寿辉看上那一刻开始，明玉珍创业之路的每一步似乎都是被人推着在走，不是他心甘情愿。

大约在 1355 年二三月间，因为湖北沔阳（今仙桃市）一带发生了春荒，军粮不济，在此驻防的明玉珍奉命溯江而上筹粮，在巫山收获了满满的惊喜。这是明玉珍和弟兄们首次踏进巴蜀大地。这块神秘土地给他们留下的第一印象，就是地形险要、物产丰饶。

1357 年春天，湖北又闹粮荒，明玉珍便熟门熟路地摸进了川东粮仓。这回发生了一个偶然事件：

刘福通麾下一个叫李喜喜的马仔，带着一支红巾军去打陕西，吃了元军一闷棍后跑进了四川。偏偏四川是元军的一个薄弱地带，没多少人马。李喜喜同学改称青巾军横冲直撞，杀得蒙古人和四川老百姓双双胆寒。

于是四川行省右丞（相当于首席省长助理）完者都便跑到重庆招兵买马。一个叫杨汉的湖北社团老大听说后，觉得当公务员的机会来了，便带着一帮小弟星夜来渝参军。不料完者都信不过他，还想搞死他，杨汉便带人逃往三峡，投到了正在筹粮的明玉珍麾下。

听说川渝两地如此空虚，明玉珍的小弟们纷纷向大哥请战，要求趁势杀将进去，先取重庆立足，然后徐图蜀中。说白了就是学当年的刘皇叔，成就一番霸业。

明玉珍虽然还不满三十岁，正当血气方刚的年纪，可他偏就有那么少年老成，遇上大事总喜欢权衡来权衡去，极少有当机立断的时候：往前走，不敢，自己只有万把人马，万一杨汉是来诈降诱敌的咋办？往后退，又不甘，偌大个四川就在眼前，不试一试实在可惜。

在月黑风高的巫峡口外，明玉珍真是愁死了。最后还是一个叫戴寿的心腹小弟说服了他：

“去重庆看一眼也好。悄悄地进村，打枪的不要，元兵真弱鸡就干，干不赢就退回湖北。反正粮也筹到了，打甚鸟紧！”

左右都有便宜占，明玉珍这才下定决心，令旗一挥，直扑重庆，从此再也没有回头。

—

杨汉没有骗人。

1357 年 3 月至 5 月，明玉珍的队伍轻松拿下奉节、万州，沿着长江一路杀到了朝天门。那时候渝中半岛上还没有什么九开八闭十七门，光秃秃的江岸上无险可守，明玉珍大军一鼓而下，攻占了重庆城。

省长助理完者都一溜烟跑了，丢下一个叫哈麻秃的武将负隅顽抗，就是当初射瞎明玉珍右眼的那个人。结果这厮分分钟就被活捉了。仇人相见，明玉珍却并没有当场发飙报仇，而是将哈麻秃送上船，着人押去湖北请主公处置。

这个举动，充分展示出明玉珍性格中特别重要的一面：仁厚。在随后的平蜀过程中，这个优点得到了回报。

完者都从重庆逃脱后，纠集了朗革歹、赵资两个部下，跑到嘉定（今四川乐山）继续顽抗。明玉珍费了好大劲才攻破嘉定，生擒了这个 TFBOYS 组合，彻底肃清了四川境内的蒙元势力。那这三个首恶该怎么处置呢？

明玉珍觉得他们仨宁死不降，都是忠义之辈，最好能收为己用。于是他把三人关在重庆罗汉寺里，天天苦口婆心去劝降，恍惚间自己仿佛成了忽必烈，三个蒙古官儿反倒成了文天祥。

蒙古版文天祥始终不为所动，明玉珍实在没办法才被迫挥泪砍人，砍完后一一厚葬，还鼓励老百姓以“三忠”来尊称和祭祀他们。

在川人眼里，这很有当年刘皇叔的风范啊。于是很多尚未归附的蜀中郡县纷纷开城投降。前后只用了四年左右，明玉珍就平定了四川全境，成了乱世中不可小觑的一方诸侯。

在泸州名士刘桢的辅佐下，明玉珍决定以仁政治蜀。主要举措有三个：第一，实行什一税制，也就是税率只有 10%；第二，废除徭役，大大减轻了川人负担；第三，崇文轻武，军力最盛时也不过万人规模，打定主意只保境安民、不出去惹事。站在川渝两地老百姓的角度看，这当然都是好事了。

明玉珍在蜀中高歌猛进之时，徐寿辉连颁两道谕旨，先后任命他为广西两江道宣慰使、陇蜀四川行省参政，把巴蜀大地慷慨赐给了他。

这是主公能给明玉珍的最后恩典了。

二

早在明玉珍第一次去三峡筹粮之前，徐寿辉就已经过得很憋屈了。没办法，主弱臣强，土皇帝接连遇上了倪文俊和陈友谅这两个反骨仔，无论玩智商还是耍手腕，全面处于下风。

先是倪文俊当了徐寿辉的爹，把皇帝整成了傀儡；接着陈友谅杀了倪文俊，又当了皇帝的另一个爹。1360 年，当明玉珍还在四川追剿完者都的时候，陈友谅凶相毕露，在采石矶（今安徽当涂县境内）锤杀了徐寿辉，随后篡位登基，改国号“大汉”，自封汉王。

这是一个危机与机遇并存的重大历史关口，如何把握应对，最能考验一个乱世创业者的能耐。明玉珍的应对，初看十分得体：

他斩杀了陈友谅派来招降的使者，在重庆城南某地给徐寿辉建了祠庙，又下令三军缟素、陈兵夔门，愤怒声讨弑君逆贼。

占据道义制高点来争取人心，这一步当然是极好的。可是，当你以为大军就要直出三峡、以讨贼之名夺取荆襄重地的时候，明玉珍却戛然而止，以铁索封闭了瞿塘峡口，然后庄严宣布：

打今儿起我与那陈友谅一刀两断，他别想再进四川！

这一波谜之操作，每每令后人扼腕叹息。它证明了一个历史真相：明玉珍从杀进重庆城的那一天起，脑子里想的便没有中原，只有四川，没有天下，只有偏安。

他倒也知道，光占住四川是不够的，所以也曾出兵北攻汉中、南袭云贵，想要获取足够的战略纵深和侧翼安全。汉中倒是得手了，可南边却没能达成目标——战将万胜一度打到了昆明，却终因兵力不足又被元军赶了回来，最终只控制了贵州遵义一带。

纵观 1357—1361 这四五年的明玉珍征战史，他所做的一切都不是为了要当刘邦或刘备，而只是想当益州刘璋、前蜀王衍、后蜀孟昶。

一

巴蜀大地真是一个安乐窝。北有秦岭天险，南有云贵高原，西是蛮荒之地，东是三峡天堑。成都平原乃天府之国，山城重庆则坐拥两江水运之便，气候温润，物产丰饶，地域广阔，人民勤劳。

这样一块宝地当然养人，可一不留神也容易把人养废了。后蜀亡国之君孟昶的宠妃花蕊夫人，就曾发出过千古喟叹：

十四万人齐解甲，宁无一个是男儿！

到底养人还是废人，全看话事人的志向与眼光。史上割据四川的人物实在不少，可真正成就霸业的，只有一个汉高祖。当然，还有一个做梦都想打出四川去的诸葛亮，他只差一点点就能成功。

其余所有以偏安一隅为目标的土皇帝，没有一个不国破家亡的。还是丞相那句话说得好：蜀不伐魏，魏必伐蜀，此乃求存之道，不是穷兵黩武。

明玉珍攻下泸州后，千方百计请到了刘桢出山相助，那一刻他好开心："吾得一孔明矣！"

但很遗憾，这位刘孔明虽然熟谙诸葛孔明的《隆中对》，却并不打算劝主公依样画葫芦。他好像一点也不清楚主公的形势比蜀汉要好百倍——

隆中对的要义在于同时占据益州和荆州，荆州直通中原，益州地大物博，一左一右遥相呼应，便可天下无敌。要不是关羽失了荆州，逼得丞相只能在陕甘方向一条道走到黑，蜀汉早就完成统一大业了。

如今明玉珍不但占了汉中，还一度占据过夷陵，也就是宜昌。当年刘备兵败夷陵，导致蜀汉国界一直退到了奉节一带，根本出不了三峡，也就谈不上夺回荆襄。可明玉珍有宜昌啊，只要集中兵力向东北方向推进数百里，就能打通襄阳乃至他的老家随州，从而与中原连成一片。

这可是当年诸葛亮梦寐以求而不得的地利。还有天时——

当年曹魏一家独大，只要它自己不作死，蜀汉即便拥有荆州打起来也相当费劲。可到了明玉珍的时代，群雄间乱成一团，中原地区的元军内部也是矛盾重重相互掣肘，你只要不直接杀上门去，他们断不敢轻易南下来找抽。

更不用说人和了。陈友谅弑君篡逆天下皆知，明玉珍要去湖北搞他，乃是堂堂正正、师出有名。更何况陈友谅这时的主要精力在东边儿，因为他已经锁定了对自己威胁最大的目标：朱元璋。

这样千载难逢的天时、地利与人和，明玉珍和他的弟兄们似乎没有感觉。翻遍各种史书，都找不到他们针对此事开过会、有过讨论的记录。唯一相关的一句出现在 1366 年 3 月，明玉珍临死前留给儿子的遗言：

固守川渝，别惦记中原。

—

1361 年，明玉珍被小弟们强推为“陇蜀王”（推辞了四次才勉为其难接受），仍使用徐寿辉“大宋”的国号，以示对死去主公的忠诚。一年多后，1363 年正月，他终于顺天应民称了帝，建立了中国历史上最后一个“大夏”，定都重庆渝中半岛。

千里之外的朱元璋派人来朝贺了，还带来了一封真情告白：

“足下处西蜀，予处江左，盖与汉季孙、刘相类。近者王保保以铁骑劲兵，虎踞中原，其志殆不在曹操下……予与足下实唇齿邦，愿以孙刘相吞噬为鉴。”

王保保是谁？敏敏特穆尔的哥哥、张无忌的大舅子，库库特穆尔。正史里叫他扩廓帖木儿。元末乱世，曾经横扫天下的蒙古铁骑早已不堪一击，朝廷里唯一能与江南群雄正面硬扛的良将，就只有这个王保保了。

明玉珍没看清的天下大势，朱元璋看得透透的。他对王保保是真服，因为此人真能打，连徐达都在他那儿吃过大败仗。所以朱元璋多次夸保保同学是“天下奇男子”，拿曹操来比他，并不为过。

可到了明玉珍这儿就未必了。连陈友谅这么一个头号实力派、野心家都没被老朱当盘菜，闭关锁国人畜无害的明玉珍凭什么当刘备呢？太祖又怎么会谦虚到只想当个孙权呢？

唯一的解释只能是——朱元璋要彻底解决陈友谅了。

陈友谅虎踞长江中游四省之地，地盘最大，水师最强。如果上游的四川也站到了他那头，那他进有资源可供、退有天险可恃，收拾起来就更麻烦。所以要断陈友谅的后路，就必须稳住明玉珍，把这大夏皇帝捧上天都行。

如果明玉珍真是刘备，就该清醒意识到只有控制荆襄、虎视中原，他才有资格与陈友谅、朱元璋形成三足鼎立之势，才玩得起这个历史性的“斗地主”牌局。

可惜没有如果。就在明玉珍称帝几个月后，1363 年七八月间，朱元璋在鄱阳湖大战中一举歼灭了陈友谅 60 万大军，随即占领了陈的老巢湖北武昌。

明玉珍眼睁睁看着曾经那么遥远的朱元璋，变成了一墙之隔的好邻居。他死后才一年，朱元璋就回头收拾了江南地区最后一个对手张士诚；他死后两年，朱元璋就在南京当上了明太祖，当年九月便攻破了大都，灭掉了元朝；

他死后第三年，朱元璋终于要对他的大夏下手了。明玉珍年仅 13 岁的儿子、大夏国二世皇帝明升收到了一封劝降信，语气一段比一段严厉，最后成了吓死宝宝的恐吓信：

> “今足下疆场，南不过播州（遵义），北不越汉中……鄱阳一战，友谅授首，旋师东讨，张氏面缚……足下视此以为何如？”

对比几年前那封深情款款的交友信，恍若隔世。

—

明玉珍已看不到宝宝的窘境了。他也看不到另一件更窘的事：自己一手带出来的那个团队，在他死后竟发生了黑帮式的火并。

先是元勋万胜弄死了跟自己有过节的大臣张文炳，接着张文炳的老铁——明玉珍义子明昭又假传太后懿旨，将万胜骗进宫来活活勒死，毫不顾惜此人是大夏国最能打的战将。

驻扎阆中的封疆大吏吴友仁不干了，就地起兵“清君侧”，强烈要求处死明昭。左丞相戴寿本来带兵去弹压，到了城下听了吴友仁一番慷慨诡辩，居然改了主意，回过头来就杀了明昭。

窝里斗得这么来劲，一旦大难临头，却没一个靠谱的，包括垂帘听政的彭太后，明玉珍的发妻。面对朱元璋的恐吓式劝降，这个团队的对策只有三个字：

不投降。不投降。不投降。重要的事说三遍。

内无实力，外无援助，全天下都快是朱家的了，你不知道大夏国坚持到底的气质从何而来。你也不知道明玉珍在世的时候，是怎么带出这样一个低能团队来的。

事实证明，明玉珍用人问题很大。还记得前面说过的那个李喜喜吗？这人祸乱四川，被明玉珍赶跑了，但他手下有个青年军官却没跟着跑，自愿投到了明玉珍帐下效力。

此人名叫傅友德。

明玉珍没发现小傅的长处，一直不用他。小傅忍了很久，终于跳槽去了陈友谅那里。不久陈友谅弑君自立，突破了小傅的价值观底线，他便趁朱元璋来攻的机会阵前倒戈，从此成了太祖开国第一猛将。

历史不过是往事的重复。当年项羽不用韩信，韩信便改投刘邦，最后十面埋伏搞死了项羽。傅友德也一样——

朱元璋劝降不成，立即兵分两路进击大夏，一路是汤和、廖永忠所率水师，沿江而上攻取夔门，但苦战多日也未能得手；另一路就是傅友德，率步骑兵从陇西和陕南入川，势如破竹杀进了四川腹地，从背后包围了重庆。夔门守军被迫回师救援，汤和与廖永忠当面压力骤减。

在朱元璋严厉督促下，明军水师终于攻下了夔门，沿着明玉珍当年的足迹涌进了铜锣峡。前方数十里外的朝天门沙洲上，大夏亡国之君明升自缚双手，带着文武百官正在迎候他们。而对岸江北城高高的宝盖山上，大夏开国之君明玉珍的陵墓也在静静地等着他们。

十余年心血，一切都 over 了。

—

只看个人品性的话，明玉珍是个不错的人，比方说质朴节俭。

如果今天你去江北城明玉珍陈列馆参观，就能发现那座所谓的“睿陵”毫无皇家气派。无论是墓室造型、结构以及规模，都比不上古代众多豪强大户。

除了极少的金碗、银锭以及几件出土即被损坏的缎面龙袍外，墓葬里最值钱的东西，恐怕就是那具用香榧木打造的棺椁了，六百多年下来，还能隐隐闻到一丝香气。

这些细节与我们在史书里认识的那个明玉珍，显然是吻合的。也许是立国时间太短、生存条件有限，他身上那些中国农民固有的优点，还没来得及被消解吧？

不管怎样，类似优点往往与生命的韧性相关。事实似乎印证了这个说法——

明升到南京后没多久，便被遣送去了高丽，交当地藩王监管居住，按理说无须过于优待。可朱元璋未曾料到，朴实儒雅的明升居然成了高丽上流社会追捧的香饽饽。

高丽恭愍王把延安、白川两个县送给明升作为他的封邑；高丽总郎尹熙王则把女儿嫁给了他，那可是郡主之尊，让明升一跃成了王室成员。

不仅如此，一个叫李成桂的权臣也与明升相见恨晚。后来这位成桂兄成了朝鲜李氏王朝的开国之君，他登基时穿的那件龙袍，据说就是明升之母彭太后亲手缝制的。

明升与尹氏郡主一共生了四个儿子，六百年来繁衍出了一个四万多人的明氏家族，遍布在朝韩两国。

—

每逢农历二月初六（明玉珍驾崩日），你都会看到一群虔诚无比的韩国人跪在睿陵门外，焚香祭祀他们亲爱的祖先。

这一天，国内也会有许多明氏后人来江北城祭祖。其中有些人已经不姓明了，但他们坚持认为自己如今的姓氏就是源于明玉珍的“明”，只是因为岁月导致了某种错位而已。

在重庆南滨路大佛寺段的崖壁上，至今矗立着明玉珍部将邹兴打造的一尊摩崖石刻大佛。大佛背后还有一座建于明朝永乐年间的五佛殿，中间三佛直面游人，两旁的文殊、普贤二菩萨却是侧向而立。仔细端详，二菩萨一位失了右眼，一位长着一只鹰钩鼻。

大夏国战将万胜的后人坚信，这两尊菩萨，就是明玉珍和他主公徐寿辉的真容雕像。

有道理。亲情与文化的血脉，从来就不受时间和空间的束缚。

那么站在一个局外人的角度，该如何去认识一个真实的明玉珍呢？答案也许不在重庆江北城，而在成都武侯祠那副千古名联上：

> 能攻心则反侧自消，从古知兵非好战；不审势即宽严皆误，后来治蜀要深思。

上联讲处事之道，明玉珍似乎做得还不错；下联讲创业格局，却是他再无机会弥补的短板。

明玉珍皇帝陵

第四章

指路白塔

——寸滩——

塔子山文峰塔

一

今天这个江北故事，要从遥远的湖南说起。

湖南有个地方叫永州，就是柳宗元被贬去当司马、穷极无聊写了一组《永州八记》的那个永州。这地方有点像重庆，是两条大河——潇水与湘江的交汇之处。所以呢，“潇湘”就成了永州乃至湖南的别称。

凡有山水处，必有奇丽风景。当凄风冷雨洒落潇湘之滨，便触动了文人墨客们敏感而柔软的情思，诞生了一道著名的风景——潇湘夜雨。在这种天人感应的情绪催化下，湘江一路向北，在流经的衡阳、株洲、湘潭、长沙、洞庭湖等地，又制造出了许多脍炙人口的风景。

北宋仁宗年间，一位名叫宋迪的财政部会计司副司长，凭着一手出神入化的绘画功夫，把上面说的那些风景画成了八幅画，分别命名为：潇湘夜雨、平沙雁落、远浦帆归、山市晴岚、江天暮雪、洞庭秋月、烟寺晚钟、渔村夕照。

北宋有个叫沈括的牛人，写了一本叫《梦溪笔谈》的奇书，书里专门讲了宋迪作画的故事，最后做了四个字的总结：“谓之八景”。从此，中国文化里著名的“潇湘八景”诞生了，中国历史上著名的“八景、十景、十二景”文化，也诞生了。

由宋至清，历朝历代的官员士绅们在寻访、包装、推广本地“八景”这件事上投入了莫大的热情与精力，用今天的话说就叫“双晒”，晒家乡风景，晒各地文化。

古代“双晒”的巅峰在清朝。风流倜傥的乾隆皇帝亲自动手，对前朝传下来的“燕京八景”进行了考订修正，最后钦定了一份新八景名单，还在每处景点各立了一块御碑、刻上了一首原创御诗。大家熟知的卢沟桥就是其中一景，号曰“卢沟晓月”。

明朝有个皇帝叫朱祁镇，就是那位在土木堡之变里当了俘虏的明英宗。

瓦剌人关了他一年，放他回了北京。这时亲弟弟朱祁钰已经继了位，怕大哥复辟，又生生关了他七年。公元1457年，在石亨、徐有贞、曹吉祥等几个野心家策动的“夺门之变”中，朱祁镇成功翻盘，又做回了明英宗。

拨乱反正之初，英宗皇帝特别忙——弟弟虽然死了，但得清除他的余党，尤其要除掉民间威望极高的于谦，同时还得提防石、曹这种政治流氓生事……

都忙成这样了，各地评选“八景”的工作依然有条不紊地推进着。这不，“夺门之变”的第二年，公元1458年，距北京千里之遥的重庆府，就出现了本地的首个文旅大IP——“渝城八景”。

这八景被刻在了崇因寺（也称长安寺，今新华路原25中校园内，遗址已湮灭）的一口大钟上。它们分别是：

> 金碧香风、洪崖滴翠、龙门浩月、黄葛晚渡、佛图夜雨、孔殿秋香、觉林晓钟、北镇金沙。

二

渝城八景的事儿后面再聊，现在要说说在这个大IP下诞生的一个小IP——渝北十景。

明清的“渝北”并非一个行政区划，而是泛指嘉陵江和长江以北的那一大块土地，包括了现在的重庆市江北区、渝北区和北碚区。在清朝乾隆二十四年，即公元1759年以前，这三个区都是重庆府巴县的地盘。对，老巴县就有那么大，从长江南岸管到了嘉陵江北岸。嘉陵江古称“巴水”或“渝水”，“渝水”以北当然就可以叫渝北了。

在头枕两江的渝北大地上，自西向东纵贯着缙云山、中梁山、铜锣山、明月山这四条大山脉，山水交错，云霞明灭，自然少不了江山美景。在始于北宋的“八景”文化热潮中，生活在这片土地上的人们也不甘寂寞，陆续发掘出了一些零散的景点。

乾隆十九年（1754 年），因为江北地势重要，朝廷有意将其从巴县单列出来，便派了一个“重庆府同知”长期驻在江北城，主抓江北各项工作。“同知”就是知府的副手，“重庆府驻江北同知”就约等于重庆副市长兼江北区长。五年后，乾隆二十四年，朝廷正式设立江北厅，将嘉陵江和长江以北原属巴县的仁、义、礼这三个里划给江北厅管辖，厅治就在江北城，与巴县衙门平级。

里甲制度，是朱元璋发明的一种基层组织治理体系。每 11 户为一甲，每十甲为一里，也就是 110 户。满清入关后沿用了这一制度。具体到江北厅，仁里大概就是今天长江以北的江北、渝北地界，包括鱼嘴、复盛、石船、统景等地，直到与四川邻水交界；义里则从寸滩一路向北，经两路、茨竹直抵华蓥山脉与岳池交界；礼里则从礼嘉、水土到北碚，直到与合州（今合川）交界。

说了这么多，就是想说明一件事——清朝那会儿，所谓的“渝北十景”，其实就是“江北十景”。

“渝北十景”这个概念，首次出现在道光二十四年（1844 年）成书的《江北厅志》里。这本书是迄今发现的最早一部江北地方志，主编是那年的重庆府驻江北同知福珠郎阿。

这个满洲正白旗官员，是江北历史上一个有名的人物，因为号“润田”，所以被当时的江北官民尊称为“福润田司马”（清代喜欢用“司马”来雅称“同知”这一官职）。在后面关于江北城城墙与城门的故事里，我们还会见到他。

渝北到底有哪十景呢？福润田司马综合了前人零散的景点描述，敲定了一份正式的名单：

花岩叠翠、明月御江、华蓥雪霁、桶井峡猿、白岩石燕、排花瀑布、文笔摩霄、聚莲毓秀、香国长春、金沙火井。

其他九个就不说了，单说其中一个：文笔摩霄。

一

《江北厅志》是这样描述“文笔摩霄”的：

> “（在）义里、厅西北一百二十里，高三里许，峰顶尖如毛锥，秀削峻峭，上插云霄。里人士恒以为脱颖之征。”

“毛锥”，毛遂之锥，就是一把尖尖的锥子，看到它，就会让人想起战国时那位勇于自荐的毛遂同学。这个“文笔摩霄”就因为峰顶像把锥子，而被人们赋予了锥处囊中、脱颖而出或者不飞则已、一飞冲天的美好寓意。

你要明白，《江北厅志》成书的时候，还是一个靠科举决定命运的年代，所有正常的男性要想过上一个公认有意义、有面子的人生，除了参加考试，别无他途。而通过科举考试为朝廷输送人才的质量与数量，不但是衡量一个家族兴衰荣辱的重要标准，也是考核地方官员政绩的 KPI，躲不开。

跟前朝一样，大清的男性臣民从三岁发蒙起都可以叫“童生”。童生通过了县、府、院（各省考试院）三级考试后，就可以叫“秀才”。秀才通过了每三年一次、每次都在八月举行的省统考（乡试）后，就是举人老爷了。

举人就能当官了，不过一般当不了县官，只能给县官当助手。比方说《江北厅志》的执行主编兼主笔，是一个叫宋煊的“儒学训导”。他就是个举人，会试没考过，只好请福润田司马安排个县文教局长干干了。

会试就是全国统考，每三年的春季在京城开考。如果举人们有幸考过，那就叫贡士。所有贡士统一参加殿试，由皇帝亲自考策论。如无意外，比方说面圣时突然秀逗或跑肚拉稀之类，都能通过，这就成了进士。进士分三甲发榜，一甲的前三名就叫状元、榜眼、探花。无论哪一甲，都是天子门生，前程似锦。

最能体现一个地方人文底蕴和官员政绩的指标，当然就是历年能出几个进士、几个前三了。

很遗憾啊——从北宋到大清道光年间，差不多七百年里，江北学子的考试成绩并不是很理想。刚才说过，在乾隆二十四年之前的岁月里，江北跟渝中、南岸都归巴县管，如果剥离渝中和南岸，那么宋代江北只出了一个明文记载的进士，名叫冯时行。

这位冯大侠不但是进士，据说还是宋徽宗钦点的状元，不过这个身份存疑，因为大宋状元录里并没有他。

元代江北连一个进士都没出过，所以史志没有记载。进入明代，江北籍的进士只有16位，就连其中混得最好的蹇义蹇天官，也没能杀入前三名。

到了清代就更恼火了——从顺治、康熙年间到《江北厅志》成书的道光二十四年，将近二百年里偌大的江北就出了四名进士，其中还有两位是“恩赐举人、进士”，就是说连举人都没考上，最后是走了别的路子才让乾隆爷破例给了个干部身份。

成书于民国三十三年（1944年）的《江北县志稿》倒是列了八位清代进士出来。除掉刚才说那两个“恩赐”的半成品，还剩六个；六个里面有两个家都安在嘉陵江对岸，只是一个的墓在江北、一个的度假屋在江北，跟江北实在是只有半毛钱关系；还有两个，一个出在同治元年，一个出在光绪年间，《江北厅志》当然就不知道了。

漫漫二百年，羞羞两个人，我堂堂大江北岂无人才乎？

所以说，江北城西北方向一百二十里外的这处形似锥子的山峰，便强势挤进了大清道光年间的“渝北十景”，寄托了福珠郎阿、宋煊们以及无数江北父老乡亲的期望。

在那个年代，这种期望还披上了一件颇为神圣的文化外衣：接续文脉。

—

这处“文笔摩霄”究竟在哪儿呢?

《江北厅志》说得太模糊了。翻开地图对照，“厅西北一百二十里”处，已经到了北碚、合川（清代为合州）一带。除了这一句，福珠郎阿和宋煊没有多说一个字，没人知道具体位置。还是一百年后的《江北县志稿》说得够精准：

“文笔摩霄，在县属头塘，高三里，峰顶尖如毛锥……”

头塘在哪儿？江北溉澜溪，今属寸滩街道，距江北城几公里而已。寻遍整个头塘，高三里、峰顶尖如毛锥的地方只有一处：塔子山。

今天，如果你从三峡方向乘船溯江而上，当船冲出狭窄险峻的铜锣峡后，江面豁然开朗，你很快会发现右边的江岸上有一处尖尖的山峰，峰顶有一座高高的白塔，在长江两岸莽莽苍苍的山脊线上，构成了一处至高而至美的风景。

没错，这座尖尖的山峰，就叫塔子山，那座高高的白塔，就叫文峰塔。看到它们时你再拨开薄雾朝前看——巍巍朝天门就在正前方十里开外，一手挽着长江，一手挽着嘉陵江，仿佛披红挂彩在等你到来。

千里川江行船艰险，沿线有着无数自然或人工搭建的航标。可唯有江北头塘的塔子山与文峰塔是最安全、最温暖的一处，因为它预示的不是危险将至，而是平安到达。只要你看见了它们，朝天门和家都在前方。

没有比这处天赐航标更合适的“文笔摩霄”了。人生就像行船，考试好比冲滩，都需要一盏指向平安顺遂的指路明灯，对吧？

在《江北厅志》成书的那一年，塔子山还不叫塔子山，叫“狮子头山”；山上也没有那座七层高的白色文峰塔，据说只有一处废弃数百年的塔基。所以无论是《江北厅志》还是《江北县志稿》，在讲“文笔摩霄”的时候都只说了山，而未曾提到塔。

无法解释这两部相隔整整一百年的江北地方志，为何在描述同一处景致时出现了如此巨大的方位差异。可以肯定的是——从后来发生的事倒推回去，《江北县志稿》的“头塘说”是更有道理的。

后来发生了什么事呢？在《江北厅志》成书四十多年后，塔子山上建起了官方认证的文峰塔。

—

中国古塔大致可分为两大类。一类是正宗的佛塔，完全服务于宗教活动；另一类嘛，就是风水塔。

风水塔的功能大致有三个。第一，弥补风水缺憾。古人建城讲究五行圆满，如果东西南北任一方有问题，就得在那个方位建一座塔，有缺补缺，无缺镇邪，所谓“宝塔镇河妖”就是这意思。

第二，充当城市地标。这股潮流大约从十四世纪也就是元明之际兴起，尤以南方为盛。凡是大一点儿的县城，一般都要建这么一座塔，让妈妈们再也不用担心孩子会迷路。

第三，也是最重要的一点，就是提振城市文脉，鼓舞士子雄心。就像“文笔摩霄”一样，最好人人都是有才的毛遂，个个都有脱颖而出、刺破青天的那一日。

所以，你今天能看到的大部分古代风水塔，都有一个共同的名字：文峰塔。它们一般都被涂成了白色，所以也被称为“白塔”。

离今天最近的朝代是清朝，所以能够保存至今的文峰塔大都是清代所建。就在《江北厅志》那句“厅西北一百二十里”以外，是今日合川的地界，那儿就有一座文峰塔，建于清嘉庆年间。福珠郎阿和宋煊撅着屁股写书的时候，它就已经好好地立在那儿了。

不光嘉陵江之北，在广阔的巴渝大地上，文峰塔四面开花——南川、长寿、云阳、奉节、开州，都有清代的文峰塔，除开州那座因“文革”期间被毁后来原貌重建外，其他都是文峰恒久远、一塔永流传。

清朝咸丰元年，公元1851年，重庆南山黄桷垭上又建成了一座文峰塔。穿越一百七十年岁月，它顽强地活到了今天。站在这座塔上，你可以看到长江和渝中半岛，却因山势林木遮挡，无法看到下游对岸的塔子山。

当然了，塔子山也看不到南山上的这座文峰塔。它管不了长江南岸的事，得先考虑自己。大清开国以来江北文脉衰微，平均一百年才出一个进士，这可如何是好？

只能选一个合适的地方，也建一座文峰塔来冲冲喜了。选来选去，塔子山脱颖而出。江北大地上群山纵横，如果这座“狮子头山”不是公认的“文笔摩霄”之地，请问为什么选它呢？

二

今天，驱车沿着北滨路一直向东，走到尽头时你会看到一座观音寺，从寺旁拾级而上，爬完大约20分钟的山路，你就站到了塔子山巅、文峰塔下，一眼览尽两江风光。

这真是一座漂亮的白塔。七层，六面，通高26.6米，站在跟前你不觉得它有多酷，可要是站在山下长江里的船头上仰望，它必是一道摩霄的风景。

这塔为什么这么白、这么靓呢？因为2018年江北区政府斥资将它整修了一番。在此之前它早已破败不堪，塔身内的木梯也朽烂殆尽。整修后就不同了，一切都像是新落成的样子，处处透着苍劲而勃发的新姿。沿着几乎直上直下、层层收窄的新木梯，你能一直爬到第七层的塔顶，站在仅容三四个人的狭窄空间里，透过一个个瞭望孔，迎着扑面的江风，以一种新奇的视角打量脚下那条悠悠长江。

在古人心中，这应该就是一条蛟龙腾渊的捷径吧。

这座文峰塔，建成于清光绪十四年秋八月，公元1888年9月，距《江北厅志》面世已过去了44年，想来福珠郎阿和宋煊都已不在人间。策划并主持兴建这座塔的人叫高其操，光绪十四年重庆府江北厅同知，福珠郎阿的官场后辈。

这位高大人是光绪元年（1875年）举人，至于何时中的进士，不知道。不过我们知道他是正三品的朝廷大员，还写得一手漂亮的小楷。因为就在文峰塔进门第一层的石壁上，刻有他亲笔撰写的碑文——《重修江北文峰塔记》。

一百三十多年了，这块碑上的不少文字都已被磨得无法辨认，碑的下半截差不多1/3的部分还被毁掉了，只能用水泥抹平了事。可从那些残存的文字里，我们仍能读出高大人的扼腕叹息声：

> “江北之与巴县分治也，事在乾隆二十四年，迄今百有余年矣……缙云冯先生、蹇忠定公、王春石相国，其生世宅里皆在今江北厅治境……我(**) 朝以文章蜚声科第者亦接踵而起。独近来，春秋……”

下面便是一片水泥。等到另一行开始，语句已断。不过已经很明显了，“春秋”后面不是春秋更替，便是流年不利，总之不会是什么好话。除了上文提到的那三个人，江北没人有资格把名字并列上去的。

那么，能在这座指路白塔内留下大名、成为江北学子奋斗楷模的“缙云冯先生、蹇忠定公、王春石相国”，是三个怎样的人呢？

一

这位“冯先生”前面说过了，就是大宋宣和六年（1124年）的进士，冯时行。因自号“缙云”，所以人称“缙云先生”。

冯时行之所以要起这么一个号，是因为小时候曾在缙云山中读过书。缙云山当然在今天的北碚区，然而在宋代却属璧山（清乾隆年间改为“璧山”）县境；到了清代，又归江北厅管辖。由于元代璧山曾被并入巴县，所以历代以来，大宋“状元郎”冯时行的籍贯便一直在巴县、璧山、渝北之间飘忽不定。

不过可以肯定的是，江北厅管辖的乐碛（今渝北洛碛），是冯时行有迹可循的家。有专家考证指出，洛碛是他母亲的世居之地，有祖屋。这一点对冯时行来说非常重要。

冯时行入仕后才三年北宋就灭亡了。他的皇上宋徽宗被金兵掳去，客死异乡。所以终其一生，冯时行都是岳飞的同路人。岳飞是动不动就要撸袖子北伐，他是动不动就给宋高宗上折子，奏请兴兵北伐迎回二宗，以便大伙朝天阙。

可是大伙都知道，要是迎回了徽钦二宗，你叫高宗怎么办？岳飞手上有兵，非杀掉不可；冯时行乃是一介嘴炮党，倒不必杀，可也不能留在身边给朕添堵啊。所以高宗飞起一脚，将这传说中的状元郎踢到四川万州当知州去了。

冯时行这人爱惜羽毛，到了地方上不愿同流合污，很快就因得罪奸佞被罢了官。他一气之下跑回缙云山里置地建房、办学开课，打算凭着个人品牌进军教育界。

冯时行被罢官的那一年，公元 1141 年，他敬爱的宋徽宗回来了，不过是以一具残骸的形式被人拉回来的。没多久岳飞就被砍了头。高宗与秦桧并不想重新起用冯时行，因为还有个钦宗没死，还有可能造成麻烦，不能掉以轻心。

公元 1155 年，秦桧死了。1156 年，宋钦宗赵桓死了。高宗赵构这才放下心来，决定请老同志出来继续工作。1157 年，冯时行被任命为四川蓬州（今蓬安）知州，这一年他已 57 岁，距他 24 岁中进士已过去了三十多年，而这三十多年里有整整十七年是躲在老家结庐授课，史称“坐废十七年”。

1159年，冯时行又被任命为黎州（今四川汉源）知州。他带着母亲和妻子从老家出发去上任，走到今天渝北区的大竹林时，老母突发重病不能远行了，他便在大竹林的一座山上搭了间草棚，就地伺候母亲，一耽搁就是三个多月。

皇命在身，不得不走，可冯时行与母亲的感情极为深厚，欲走还留。前面说过，洛碛很可能只是他母亲的故乡，可冯时行入仕后便在洛碛正式安了家。在他的《缙云全集》中，绝大部分文章的落款不是“乐碛”就是“缙云山”，显然在他心里，母亲的家才是家，而缙云山则更像是事业的起点。

左右为难时，妻子挺身而出：你去上任，我来照料母亲。冯时行依依不舍离去后不久老母亲就病逝了，孝顺的儿媳便在大竹林这座小山里，守满了三年孝期。

这座山今天叫作照母山，是重庆两江新区的一处城市地标。这个温暖的名字，就源于冯时行夫妻当年在此结庐照母的故事。

冯时行最后官至提点成都府路刑狱，相当于川西大区检察长、监察长兼高院院长，正牌的大宋提刑官。他63岁那年死在了雅安的工作岗位上，雅安百姓感念其德，自发捐款七十万钱，为他建了祠庙。

这样一个才华横溢、孝感天地的人，无疑是中国古代知识分子理想而完美的人生标杆。他是江北的骄傲，有资格在塔子山上、文峰塔内名列第一。

—

第二位蹇忠定公前面也提到过，乃是明朝洪武十八年（1385年）第三甲进士蹇义，“忠定”是他死后的谥号。巧了，他的老家就在大竹林，抬头就能看见冯时行尽过孝的照母山。

有人说蹇义是个牛人，参与编撰过《永乐大典》、策划过迁都北京、推动过郑和下西洋……反正明朝那些事儿，都有他的份儿。

这说法不知道依据的是哪本史书，不过勉强算有点道理。蹇义的寿命和官运都不错——活到了七十三岁不说，除了永乐二十年（1422 年）曾被明成祖朱棣关过几个月禁闭外，从明太祖朱元璋直到明英宗朱祁镇，大明朝前后六位皇帝都拿他当心腹，爱不释手那种。

就连关过他禁闭的朱棣同学，等那股气儿消了，照样疼他。所以呢，那三件永乐年间的大事，你要说蹇义都有份，没有问题，因为他发挥的重要作用只有一个——但凡皇帝问他意见，他基本上从不反对，更不会跟后来那些东林党似的，专以惹毛皇帝为荣。

难道他是个只知揣摩上意、曲意逢迎的奸臣吗？不，蹇义之所以能纵横驰骋六朝官场，最大的诀窍并不是从不对皇上说“不”。

《明史・蹇义传》举了三件小事来刻画他的一生：

第一件——蹇义本名蹇瑢，22 岁中进士后入宫面圣，朱元璋一看他那少见的姓氏便问他：你是蹇叔（春秋时期秦国大夫，知名大贤）的后代吗？这时候如果他顺着杆子往上爬说对头对头，其实也没事。

可蹇义没说对头，只是一个劲儿地叩头。这个动作很明显，是在说“不”呢。太祖很高兴，觉得这四川小伙子老实，不会撒谎，便当场赐名为“义”，从此开启了他的光明仕途。

第二件——建文帝登基，升蹇义做了吏部右侍郎，相当于组织人事部第二副部长。不久建文帝跟叔叔朱棣干起来了，蹇义内心是倾向朱棣的，于是他对朝中大事小情一律不再表态，你们开心就好，别来问我。

燕王大军一到蹇义就弃暗投明了，被升职当了吏部左侍郎，不久又升尚书，人称吏部蹇天官，一干就是几十年。可当明成祖要废掉建文朝所有政策时，蹇义跳出来说“不”了：改掉不好的就行了，全都改掉未必合适，疗效最重要，是吧？

皇帝一听有道理啊，行，就按爱卿说的办。

第三件——明仁宗时，内阁首辅、“三杨”之一的杨荣到处说蹇义坏话，皇帝听了觉得这杨荣人品好差，便当面问蹇义有何看法。这时蹇义已是花甲老人，可他仍像当年那个在朱元璋面前忐忑不安的小伙子一样，一个劲儿地叩头说道：

杨荣没有私心，如果有人也说杨荣坏话，请陛下明察。

这三件小事说明了一个问题：蹇义成功的诀窍就是知道什么时候说“不”，也知道怎样去说“不”。

达则兼济天下，穷则独善其身，这是中国读书人个个向往的境界。其实这句话本身并不难，难就难在你如何看待“达”与“穷”、如何把握进与退。如果说“仁义礼智信”是古代士子们奉为圭臬的人生信条，那蹇义无疑为这个“智”字做了一个生动的诠释：大智若愚。

—

名列蹇义之后的那位“王春石相国”，名叫王应熊，号春石，明朝万历四十一年进士。又巧了，他是洛碛人，跟冯时行是正宗老乡。

为什么高其操要称他“相国”呢？因为在崇祯七年（1634年），他当上了文渊阁大学士。熟悉明朝历史的同学都知道，这种大学士都是内阁成员，妥妥的大明宰相。

蹇义已经很厉害了，可到死也没进过内阁。所以王应熊就成了历朝历代江北读书人里官当得最大的一个。光凭这点，文峰塔里就不能没有他的大名。

可王大人性格有问题，而且碰上了明末大乱，所以他的官场之路十分坎坷。《明史》对他的评价是："博学多才，熟谙典故"，可为人"谿刻（xī kè，刻薄）强很（同"狠"），人多畏之"。他又缺乏蹇义那种大智慧，喜欢公然结党，给自己挖了无数的坑。

王宰相上任刚一年，张献忠攻破凤阳，毁了老朱家的祖坟，崇祯皇帝气得发疯，下旨重办凤阳巡抚和巡按。可这巡抚是王应熊中进士那年的主考官，巡按则是王应熊官场同党的亲戚。主考官是考生的恩师，也叫"座师"，应熊同学觉得一日为师终身为父，便提前泄露了谕旨内容，想帮老师转圜过去。

这下完了，平时得罪的政敌群起攻之，结果座师没保住不说，王应熊自己也被罢官撵回了洛碛老家，一废就废了八九年。

1644 年，南明弘光朝想起了这位著名的前宰相，觉得他蛮有影响力，于是恢复了他大学士的职务，还封了兵部尚书、总督湖广云贵川军事。基本上，南明的一大半天下都托付给他了。

但没人听这个光杆司令的。王总却不气馁，散尽家财拉起了一支几千人的队伍，在遵义设立了司令部，一面跟张献忠斗，一面还得防着南明各路心怀不轨的将军趁机乱来，真是操碎了心。

就这样坚持了两年，清军派人来招降了。王大人混得虽惨，却是个宁折不弯的主，杀了来使，誓死不降。1647 年，张献忠余党孙可望攻陷遵义，58 岁的王应熊只好带着队伍转进毕节山区打游击，不幸病死在了贵州仁怀。没过多久，他的独子王阳禧也死在了乱军之中，王家这一支就此绝了后。

王应熊的一生很难评价。我们唯一体会深刻的，也就是一个"忠"了。不孝有三，无后为大，相比之下，"孝"字的确被他排到了"忠"字后面。

忠与孝的关系，自古就是一个灵魂拷问。在清朝末年的那些日子里，每一个前来拜谒塔子山文峰塔的江北读书人，都有必要去王应熊的故事里受受教育。

二

忠与孝的故事还没讲完。

塔子山对岸的南岸下浩长江边有座觉林寺，始建于南宋，因每天拂晓的钟声而闻名。抗元名将余玠曾写过一首《觉林寺晓钟》：

木鱼敲罢起钟声，透出丛林万户惊；一百八声方始尽，六街三市有行人。

从这首诗开始，“觉林晓钟”渐渐成了重庆城一道著名风景，名列“渝城八景”。

觉林寺重建于清朝康熙年间，今天已看不到了，但寺内有座报恩塔，却屹立至今。这座佛塔始建于乾隆二十二年（1757 年），最初的兴建者是一个法名月江的和尚。

月江俗家姓王，爷爷应该叫王德，跟柳宗元一样当过湖南永州司马（应是康熙年间的永州同知）。后来湖南战乱（推测应是三藩之乱），王德一家人便跑到了重庆南岸落脚。

王德的儿子叫王仲（“仲”可能是名，也可能是排行老二之意）。斗转星移，有一天王仲考上了进士，当上了四川资州（今资中、资阳一带）知州。恰在此时老母病逝了，葬在觉林寺外。这情景简直跟当年的冯时行一模一样——王仲非走不可，却又难以抛下母亲的孤坟。怎么办呢?

都是陪伴母亲，冯时行留下了妻子，王仲决定留下儿子。于是，他那个听话的乖儿子便在这觉林寺中落发为僧，独自陪伴青灯古佛以及祖母的坟茔。

乖儿子月江禅师的俗家名字是什么，我们至今也不知道。反正从送走父母那一刻起，他应该就再没见过家人。

母亲走时给了月江七百两银子，让他好好照顾自己。月江拿到钱后的心思，却是要在觉林寺中建一座佛塔，以报答父母和逝去祖母的养育之恩。名字他都想好了：报恩塔。

随后的许多年里，月江四处化缘劝捐，终于完成了奠基的工作。但此时他已身染重病，时日无多。临死前，他把建塔的心愿托付给了徒弟善明禅师。

善明没有辜负师父。他努力多年，克服了重重困难，终于在乾隆二十二年正式开了工，花了整整16年时间，于1773年建成了这座与“家”和“亲人”密切相关的七层佛塔。

乾隆四十九年（1784年），川东兵备道（川东警备区司令）沈青士写了一篇《渝州觉林寺碑记》，刻在了报恩塔旁的石碑上。月江与善明、觉林寺与报恩塔的故事因此得以流传至今。

报恩塔落成七十多年后，附近南山之巅的黄桷垭建起了文峰塔。又过了三十多年，江北塔子山文峰塔拔地而起，与江南这两座塔隔江并峙，遥遥相望。可是，你站在其中任一座塔上，却怎么也瞧不见另外两座。

这就是重庆城“三塔不见面”的传说由来。无论民间如何附会，这两岸三塔始终演义着“天地君亲、家国天下”的亘古主题。

—

善明禅师为建报恩塔操劳的时候，当地的父母官是一个名叫王尔鉴的河南人。

王尔鉴，雍正八年进士，在山东当了二十多年官，一路当到了知州。不知何故，突然在乾隆十六年（1751年）被贬到重庆当了巴县知县。从人文角度讲，这是重庆之福，因为正是这个河南人的到来，让重庆有了一部史上最具价值的地方志——乾隆《巴县志》，同时有了一个至今受用的地方文旅大IP——巴渝十二景。

王尔鉴写诗是一把好手，审美意趣与王维一脉相通，因为他特别推崇“空灵缥缈”四个字。在撰修《巴县志》的过程中，梳理“八景”显然是他的一个重点项目。王尔鉴一眼就发现了“渝城八景”有bug，就是孔殿秋香、觉林晓钟、北镇金沙这三景：

> 孔殿秋香，桂盛也，何地无桂？觉林晓钟，清远也，何寺无钟？北镇金沙，形胜也，渝州襟带江山，处处沙明日衬，何取一隅之形？

知县大人怼天怼地，就是嫌这三景太实在了，不空灵，不缥缈，缺少“言有尽而意无穷”的那种韵味感。

“孔殿秋香”位于渝中半岛解放碑附近的孔庙（现29中校园），“觉林晓钟”刚才已说过了，“北镇金沙”则在江北城，后面讲江北城城墙与城门故事的时候，我们再详细说它。

王大人删掉了这三景，重庆就只剩下了五景。前面已说过，中国的“八景”文化最少也得要八个景点，怎么办呢？

补足一打巴渝美景呗，不是八道，是十二道。

在重庆当官的十年里，王尔鉴遍访巴渝名山大川乃至蛮荒秘境，坚持按照自己的审美标准发掘了七处全新的景致，最终形成了今天我们熟知的古巴渝十二景：

> 金碧流香、洪崖滴翠、龙门浩月、桶井峡猿、字水宵灯、黄葛晚渡、海棠烟雨、缙岭云霞、云篆风清、华蓥雪霁、佛图夜雨、歌乐灵音。

你一眼就能发现，其中的“桶井峡猿”和“华蓥雪霁”，也出现在了后来《江北厅志》所记载的“渝北十景”里。

这是一份极其辛苦的工作，每一个景点都得亲临现场查勘。还得多次去，因为既然遴选标准首推“空灵”，那就得依赖观赏者的主观感受和临场心情。比方说，为了检测“字水宵灯”的效果成色，王尔鉴一会儿跑到江北看，一会儿跑到南岸看，一会儿上山看，一会儿又上船看，不知道看了多少回才搞定。

那是乾隆年间，没有汽车，没有索道轻轨。即便“字水宵灯”就在主城区，每看一次也得江北南岸的折腾好几天，更不用说歌乐山、华蓥山这些偏远地方了。

可王尔鉴显然是快乐的。从本质上讲，他也代表了中国古代知识分子的一种境界：高中进士只是一个形式而已，完美的人生全在考上之后、全靠自己去把控；而人生不可控的因素太多，唯一可控的，只有自己的初心。

这就叫我欲仁，斯仁至矣。

王尔鉴不是重庆人，更不是江北人，所以他的名字没法刻到塔子山文峰塔的石碑上。他只是个七品县令，也无法与冯时行、蹇义、王应熊这种高官相提并论。但是，他用“巴渝十二景”证明了一件事：

重庆城的厚重文脉，正是由他这种人一辈一辈接续起来的。

很可惜，建造文峰塔的那位高其操高大人，暂时还没办法悟到这层道理。他心目中的所谓“文脉”，仍然只有“蜚声科第”这一条道。

—

文峰塔落成那一年，长江下游数百公里外的宜昌码头，一艘名叫“固陵号”的小火轮正蓄势待发，准备开启史上首次蒸汽轮船征服川江之旅。这条船的主人是一个名叫立德乐的英国商人。

“固陵号”最终没能成行。仅过了十年，1898 年初春，立德乐又开着另一条小火轮“利川号”卷土重来，成功闯过三峡和铜锣峡开到了重庆，从而打开了中国西部的大门。这个故事，我们后面还会讲到。

没有人会料到，文峰塔建成后的首次重大指路任务，竟然是指引洋人的轮船平安驶近朝天门。

1905 年，大清光绪三十一年，自隋朝肇始、延续一千三百多年的科举制度被废除了，中国知识阶层的价值观和人生观从此进入了新的天地。文峰塔这座用来指路的航标，仿佛瞬间失去了自己的方向。

不过它很快适应了潮流，找到了新的方向。今天当我们登上塔顶，俯瞰两江奔流、巴渝形胜的时候，尽可以遐想出这样一幕场景——

江边的草庐里，清风徐来，翰墨生香。儒雅的先生带着一群稚气的学童齐声诵读，意韵悠扬：

> 沿对革，异对同，白叟对黄童。江风对海雾，牧子对渔翁……女子眉纤，额下现一弯新月；男儿气壮，胸中吐万丈长虹。

考没考中不重要，重要的是万丈长虹。这才是藏在文峰塔里的千古文脉。

大佛寺长江大桥

第五章

桥归桥 路归路

—寸滩—

茅溪偃月桥
至善桥
明月桥

一

今天要想去探寻古人走过的路，并不容易。因为路是最善变的地表特征之一，完全由人的心情决定。走的人多了，便有了路，走的人少了，说没就没了。

所以呢，发思古之幽情是一件容错率必须很高的事，原因就在于你很难走在古人真的走过的那条路上。于是在很多时候，我们所谓的追寻古人足迹，严格来讲应该叫重游古人的某个驻足地，具备稳定地标性质的处所。

比方说泰山。你会当凌绝顶，看到天地万物都在脚下，立刻就能唱上一嗓子：啊！岱宗夫如何？齐鲁青未了！

然后就可以臆想杜甫在身边，你是拽着他伟大的衣角爬上山顶的，正是在他的一路陪伴下，你才把握住了这一览众山小的机会。这可是你平庸的人生里从不敢奢望会实现的梦想。

可是我们只知道杜甫登过泰山，却不知道他从哪条路、用怎样的姿势上的山。就像杜甫也知道孔子登过泰山，却不知道他老人家的登山攻略一样。于是我们和杜甫就都只好模糊一点，把“泰山”这个点当作先贤的一整条运动轨迹，去寄托各自行走的情怀。

无法踩着古人真正的脚印去浸入他们登山时的心路，不能不说是一个小遗憾。

不过有的时候，连地标也不太靠谱，比方说黄鹤楼这种建筑。

登上今天武汉那座黄鹤楼，你觉得就踩准了崔颢和李白的步点儿？就晴川历历汉阳树了？就唯见长江天际流了？并没有。因为真实的黄鹤楼自东吴始建后，就一直屡建屡废，尤其到了明清两朝，崔颢和李白曾流连忘返的这座千古名楼，在大约五百年里经历了七次被毁、十次重建，最后一次重建在同治七年（1868 年），可光绪十年（1884 年）又被毁了。

今天这座黄鹤楼，重建于 1985 年。即便只跟光绪年间灭失的最近一次原貌比，它也有两处根本性的不同：第一，从清代的三层变成了现在的五层；第二，建于 1955 年的武汉长江大桥占用了古黄鹤楼的地盘，所以今天的黄鹤楼距离清代的旧址，距离超过了一公里。

此楼非彼楼，崔李住对面。真的是太遗憾了。

那么，有没有那么一条路，能够经受住岁月和人心的考验留存下来，让我们可以确定无疑地在这条路上与古人相逢呢？

还真有。这样一条路，就叫作桥。

一

桥，是人类为了跨越障碍而发明的一种构筑物。不管水桥还是旱桥，“把路走下去”就是它的发明初衷，也是根本属性。所以呢，架桥是为了走路，桥就是路。

可是刚才也说了，桥是一种人工构筑物，跟建筑物一样，是人类智慧劳动的结晶。与随性而定的普通道路比，它最大的优势就是稳定——一般都用坚固的石料建成，浑身上下灌注着先人的心血和情思，所以它能成为穿越历史的地标，不会轻易改变。

路没了，桥还在，所以人就在；只要一辈辈的人在，城市的灵魂也会一直都在。这样一个逻辑链条，大概就是中国传统文化语境里“桥”的意义所在。在这方面，有一个典型的故事可讲。

公元 836 年，唐文宗开成元年，秋天，东都洛阳，御史台（相当于国家监察委）办公大楼内。一个 33 岁的监察干部眼见窗外秋意日浓、满目萧瑟，不禁想起了一年前才离开的一个好地方——扬州。

有唐一代，扼京杭大运河要冲的扬州一直是一座富庶而艳丽的城市。即便在长安城风头最劲的开元盛世，扬州也以大唐第一娱乐城的城市定位，吸引着一批又一批成年男性前去消费。前面我们提过李白在黄鹤楼写诗这事儿，他为什么要去那儿写诗呢？因为要送孟浩然。孟浩然要去哪儿呢？扬州。

烟花三月，孟浩然同学在扬州玩得有多嗨，我们不知道。不过一百多年后国家监察委的这位青年干部在扬州有多嗨，我们却知道。因为他实在是太爱扬州了，几乎每嗨一次就要写一首诗来纪念，每首还都是那么的走心，以至于留下了许多千古名篇，叫人爱不释手。

比方说，周末去参观了一趟扬州郊外的禅智寺，他就能打通佛门的清净与俗世的喧嚣，用两个彼此冲突的场景来营造哲学的意境：暮霭生深树，斜阳下小楼；谁知竹西路，歌吹是扬州。

那么扬州城里最吸引他的是什么呢？落魄江南载酒行，楚腰纤细掌中轻；十年一觉扬州梦，赢得青楼薄幸名。你懂的。

那么多青楼花魁里，他最中意的又是谁呢？娉娉婷婷十三余，豆蔻梢头二月初。这样一个扬州宝贝，在他心目中的段位如何呢？春风十里扬州路，卷上珠帘总不如。原来卷珠帘的意思，就是整条街最靓的女，没有之一。

你知道的，这个不羁放纵爱自由的年轻人叫杜牧。他用诗为我们留下来的这个扬州，虽然处处渗透着欲望的气息，却也散发着蓬勃的生机，令人心驰神往。

所以即便已离开了一年之久，当洛阳城内秋风秋雨愁煞人时，杜牧第一时间便想起了扬州的温暖旖旎。于是他提笔写下了一首《寄扬州韩绰判官》，向昔日的好基友打听故地的近况：

青山隐隐水迢迢，秋尽江南草未凋；二十四桥明月夜，玉人何处教吹箫？

显然，经过了长达一年的沉淀，杜牧把“二十四桥”当作了扬州的一个城市文旅大 IP，说桥，就是在说扬州。

—

在历朝历代那么多写扬州的诗人墨客里，杜牧很可能是第一名。而在杜牧那么多写扬州的诗里，这首“二十四桥明月夜”，也是第一名。

这个二十四桥，究竟是个什么桥呢？

杜牧之后二百多年，北宋的科学达人沈括在《梦溪笔谈 · 补笔谈》里给出了答案：“二十四桥”真的是 24 座桥，它们分别叫作茶园桥、大明桥、九曲桥、下马桥、作坊桥、洗马桥、南桥、太平桥……扬州乃是著名的江南水乡，河湖纵横，要想打造一座消费天堂，当然需要那么多桥。

原来“桥多”也是扬州一道独特的城市景观。从这个角度讲，杜牧用“二十四桥”来指代整个扬州，倒也不无道理。

可是清朝乾隆年间有个叫李斗的戏曲作家，花了三十年写了一本古代史上最全的扬州指南——《扬州画舫录》，考证出了不同的结论：“二十四桥”只是一座桥，名叫“吴家砖桥”，传说古时候有二十四个美人在桥上吹过箫，所以又叫二十四桥。

这也蛮有道理的，还解释了“玉人何处教吹箫”这句的出处，叫人不信都不行。

不管是二十四座桥还是一座桥，总之什么青楼啊、歌吹啊，都肤浅得很，写写就算了，只有这桥，才是扬州真正的魂。从杜牧到沈括再到李斗，从唐到宋再到清，一代一代的人们从同一座桥上走过，感知着同一个唯美的扬州。

沈括之后一百年，北宋变成了南宋，扬州也从娱乐城、温柔乡变成了国防前线，还一度被金兵蹂躏过。宋孝宗淳熙三年，公元 1176 年冬至那天，夜雪初霁，一个名叫姜夔的诗人来到了扬州，写下了一首千古流传的《扬州慢》：

淮左名都，竹西佳处，解鞍少驻初程。过春风十里，尽荠麦青青。自胡马窥江去后，废池乔木，犹厌言兵。渐黄昏，清角吹寒，都在空城。

杜郎俊赏，算而今重到须惊。纵豆蔻词工，青楼梦好，难赋深情。二十四桥仍在，波心荡、冷月无声。念桥边红药，年年知为谁生？

百字左右的一首词，五次化用杜诗典故，还指名道姓把杜老师推崇为扬州的形象代言人，姜夔同学真是铁杆“牧民”一枚。不过他的心情是相当悲怆的，因为扬州已被金兵毁掉了，爱豆当年走过的春风十里扬州路，如今已是一片荠麦青青，无迹可寻。

幸好二十四桥还在，那可是一条真实的杜牧之路。只要走上桥面，我们就能与他隔空重叠在一道完全相同的轨迹上。我们就能感知杜郎当年的款款心意，就能看到扬州的来路与去路，就能明白桥边那一丛丛芍药在等待着谁。

不管有多少黍离之悲将你我包围，扬州总会重生。

你看，有桥，就会有人；有人，就会在极度的绝望中，依然透出一丝希望。桥的价值，不就是在看似无路可走的地方凌空跃起，从而延续路与希望吗？

—

说完了长江下游的扬州，让我们回到长江上游的重庆。

如果说拥有 24 座甚至更多桥梁的扬州城是杜牧、沈括和姜夔笔下的古代“桥都”，那么并无这种史上大 V 站台的重庆，却在扬州之后异军突起，成了古今有名的中国桥都。

24 座桥不算什么的，重庆现存的已知古桥就有 800 多座。虽然其中有 700 多座都集中在清朝中后期建成（主要原因是四川长期战乱，清初全川仅剩约五十万人，人口的大幅增长出现在“湖广填四川”之后，人多了，桥才会多），但毕竟还有大约 1/8 来自更为遥远的朝代，其中最古老的一座桥落成之日，沈括还没有动笔写他的《梦溪笔谈》。

注意，“现存”的意思，就是至今还好好地杵在原地，有不少还能供人行走。今天矗立在扬州瘦西湖景区内的那座“二十四桥”，却跟武汉黄鹤楼一样都是现代的仿制品，真迹早已消逝在了前尘往事中，无可追寻。

沈括生于公元 1031 年，五十多岁才归隐镇江梦溪园，开始用笔记体写作那部中国古代自然与人文社科类百科全书——《梦溪笔谈》。一般认为，这部书的成书年代在公元 1086—1093 年之间。

大约在沈括 19 岁那年，公元 1050 年左右，重庆城——那时候还不叫重庆，而叫渝州——西部三百里外的昌元县建起了一座宏伟的大桥。这个昌元县现在的名字叫荣昌，是重庆市的一个区。

昌元县之所以要建这座大桥，是为了横跨当地的主要河流——濑溪河。这条河是沱江的一级支流，河面开阔，水急滩险。自古以来，昌元就是成渝驿道的必经之地，而商旅行人走到昌元后要想继续前行，就非得渡过濑溪河不可。

中国古代的造桥技术发展到北宋时，已经相当成熟而精湛。众所周知，中国古桥按造型结构可分为三大类：梁桥、索桥、拱桥。所谓梁桥，就是桥墩上直接铺桥板，也叫平桥或板桥。中国现存最长的一座古桥是福建泉州的安平桥，全长 2.5 公里，它就是一座典型的石板梁桥。在它诞生的南宋初年，这规模简直就是跨海大桥的节奏。

索桥则不需要什么桥墩，直接用拉索把桥面结构拽在半空中就行。这方面的代表作大家都很熟悉——长征路上的泸定桥。

拱桥就更不用说了，古人玩得最溜的一种桥，也是现存最多的一类古桥。它不仅代表着我国古代造桥技术的巅峰，还孕育出了中国特有的古典式审美意境。你能想象牛郎织女七夕相会的鹊桥，不是一座拱桥吗？你能容忍许仙初遇白娘子的断桥，不是一座拱桥吗？你能 get 到二十四桥正是因为那个半圆形桥拱与水中倒影完美融合成了一轮满月，所以才有了“波心荡、冷月无声”这种清冽悠扬的韵味吗？

中国现存最古老的拱桥叫作赵州桥，来自隋朝，公元六世纪末。它用一千四百多年的历史证明了两件事：第一，中国古人用拱形结构将桥梁的载荷力从垂直方向分摊到了水平方向，这是多么科学的一项技术。正因为如此，我们才能看到那么多长寿的古桥。第二，赵州桥的美丽造型得到了世界公认，所以说科学与美，往往是统一的。

非常好，昌元县这座连接成渝古驿道的桥，也是一座拱桥。总共七孔，也就是七个桥拱、六个桥墩，撑起了一座 110.5 米长、7.8 米宽的宋代大桥。它落成的时候，当朝宰相、北宋名臣文彦博大笔一挥，将其命名为“思济桥”。

大约二十多年后，宋哲宗赵煦顺着文爱卿的思路，给赵州桥赐名“安济桥”，与昌元思济桥仅一字之差，仿佛它们是一个序列、同等规格的产品。

—

得名之后，河北赵州（今赵县）的安济桥继续着自己一千四百年的传奇之旅，而四川昌元的思济桥也见贤思齐，穿越九百多年活到了今天。

1925 年，成都到重庆的成渝公路开工了。在 1994 年首条成渝高速公路通车前的近七十年里，这条全长 450 公里的老路一直是成渝间唯一的公路干线。1929 年，这条路修到了荣昌，迎面撞上了濑溪河。

没事，河上有一座现成的思济桥。民国的工程师们对北宋前辈的技术和工程质量很有信心，果断将原本只能过人的思济桥改造成了能过汽车的公路桥。于是直到 1994 年，古老的思济桥都是成渝公路上的必经之桥，将两座名城紧紧地连在了一起。

1997 年，重庆直辖那一年，思济桥（民国时期重修后改名“施济桥”）

宣布退休，成了禁止通行的危桥。有意思的是，在它身旁拔地而起的施济新桥，采用了“单孔敞肩拱桥”的造型，也就是一个大拱的两肩上各开若干小拱用于泄洪，这造型与名扬天下的赵州桥几乎一模一样。

现代施济桥的设计者，一定是在用这种方式向古人致敬，对吧？

姜夔在扬州触景伤情之后大约十三年，公元 1189 年，宋孝宗赵昚（shèn）把皇位禅让给了儿子赵惇（dūn），史称宋光宗。这位同学当时的头衔除了皇太子，还有一个“恭州王”，封地在恭州，也就是从前的渝州。先封王、后受禅，妻管严赵惇人生中唯二的两件开心事儿都发生在恭州这地方，这就叫双重喜庆。于是他趁着这股高兴劲儿，把恭州改成了重庆府。

重庆诞生了。可是赵惇同学的高兴劲儿却进入了倒计时——仅仅五年后，公元 1194 年，宋光宗绍熙五年，在老婆和大臣们的双重夹击下，赵惇稀里糊涂地又把皇位禅让给了儿子赵扩。

这次悲催的禅让事件发生时，重庆府东边二百多里外的涪州涪陵县马武镇碑记村里，架起了一座长 31.5 米、跨径 14 米的单孔石拱桥。这座名叫“碑记桥”的南宋古桥，与“重庆”这个名字几乎同时诞生，直到今天都还完好地矗立在重庆直辖市的怀抱里，这真是一种奇妙的缘分。

涪陵还创造了重庆古桥史上的另一个纪录——

清朝光绪元年，1875 年，一个名叫陈永恩的南川绅士组织了上千人的施工队伍，在涪陵蔺市镇梨香溪的河口上，建造了一座长达 174 米、单孔跨径 26.9 米的三孔实肩（大拱肩部实心，没有小拱）石拱桥。

这就是重庆现存规模最大的一座古桥，名叫龙门桥。因为有了它，从重庆城到下川东便有了一条快捷可靠的陆地通道。2005 年，因位于三峡蓄水淹没区，龙门桥被整体搬到了上游三百米外原样复建。几乎所有建材都是光绪年间的原材料，如今状态好得不得了。

—

荣昌也好，涪陵也罢，虽然现在都是重庆，可毕竟远离主城。那么在传统意义上的老重庆区域内，有没有同样让人虎躯一震的古桥呢？

有的。让我们踏上江北的土地。

在上一章塔子山文峰塔的故事里我们讲过，清朝乾隆二十四年（1759年），江北从巴县分出来成了江北厅，管辖今天江北、渝北、北碚及两江新区这一大块地方。在这片土地上，自西向东纵贯着重庆主城的四条大山脉。与此同时，嘉陵江自北碚入境，蜿蜒而下数十公里，在厅治江北城汇入长江，又继续向东奔腾数十公里，直到洛碛一带方才依依不舍离境而去。

四座高山、两条大江犹如一双温暖而沧桑的手掌，一左一右将江北大地牢牢地攥在掌心，既造出了千沟万壑，又从山间引出无数条清流、填满每一条沟壑，然后汩汩汇入两江。

这样一片土地，注定是桥的天堂。

江北历史上到底有过多少古桥？最靠谱的史料依然是1844年福珠郎阿和宋煊编修的《江北厅志》，以及1944年成书的《江北县志稿》。《江北厅志·舆地志》就收录了近百座桥梁，随后的一百年间这个数字还在增长，到了《江北县志稿》里，定格在了123座。

这还只是江北。在长江和嘉陵江的对岸，还有一个由渝中半岛和南岸共同组成的老巴县，江北和巴县合在一起，才是一个原汁原味的老重庆城。

123座古桥中历史最悠久的，是建于明朝嘉靖年间的三座桥，可惜今天都已看不到了，不过它们的名字却留了下来。这种情况还有很多，比方说双凤桥、松树桥、鸳鸯桥。这三座清代古桥都已消失，可桥名不但留了下来，还成了今天渝北区及两江新区的三个地名，重庆城内妇孺皆知。

这批在册古桥里最近消失的一座，得数江北嘴CBD里的拱北桥。这是一座建于清代道光至咸丰年间的三孔拱桥，长64.6米，宽7.5米，拱高5.5米、总跨度10.9米，位于江北城的北门——文星门外（江北城老城墙和老城门的故事，我们下一章慢慢聊），横跨汇入长江的金厂沟、谢家沟两条溪流，直通东北方十几里外的头塘、寸滩。

这是从江北厅治出发去往川陕大地的第一桥，因其三孔造型被乡人称作“三洞桥”。它一直挺立到了2007年，方才在江北城大开发中被埋入地下。人们在它的原址上方原貌复建了一座新桥，希望能留住一点关于川渝古道的念想。

123座古桥里还出现了一个响亮的名字——观音桥。这个你熟吧？

非常有意思的是，在那两部江北地方志里，“观音桥”这个桥名属于三座不同的古桥，可它们仨却没有一个位于今天鼎鼎大名的观音桥区域内。那么，今天这个观音桥又是从何而来呢？

《江北厅志》和《江北县志稿》都没有收录的这座观音桥，阴差阳错被一个小人物记录下来了。道光二十九年农历十二月（1850年1月），一个叫刘中乙的学政小官写了一篇《观音桥百字碑记》，流传至今，解开了观音桥的身世之谜：

观音桥这座桥，原来只是溪流中的一排石磴，叫作“接龙蹬”。什么溪流呢？洋河沟，源头来自遥远的华蓥山脉，在洋河水库（今洋河体育场）一带蓄积、分流，最后汇入嘉陵江。乾隆五十五年（1790年），接龙蹬被改造成了一座石板桥，后来年久失修坏掉了。于是道光二十九年，乡人们又重修了一座石板桥，高丈余，也就是三米多；宽四尺，也就是一米多，够两个人擦肩而过。这桥就被命名为“观音桥”。

刘大人没有说这桥有多长，但我们大概知道——这座小桥在今天阳光城那个位置顽强存活了将近二百岁，直到上世纪七八十年代才彻底消失。很多老江北人都见过它，就是几米长的样子。今天雄踞在观音桥步行街口那座骄傲的“观音桥”，只是它艺术加工后的形象。

一座桥再小、再简陋，只要条件合适，它就有可能成就一座魅力之城，这话真不是瞎掰。在古代，请看扬州；在今天，请看江北。

一

没有被载入《江北厅志》和《江北县志稿》的，并不只这座观音桥。在众多被修志者遗漏的古桥中，有三座拱桥悄悄地站到了C位，犹如三颗闪亮的珍珠，点亮了整幅江北古桥地图。

为什么这么说？因为123座古桥中的绝大多数其实都已湮灭了，即便有少数幸存者，也基本丧失了观赏性和功能性。恰恰是这三颗史册遗珠，不但完好保存到了今天，还在别的方面给我们制造着惊喜。

这三座桥分别叫作偃月桥、至善桥、明月桥，自西南向东北依次分布在大约三公里长的长江北岸坡地上，都是今天江北区寸滩街道的辖区。你从江北城出发，跨过三洞桥一直往北走，很快就能踏上三桥中的第一座——茅溪偃月桥。

真好，一抬腿就能碰到三颗珍珠里最亮的一颗。

如果你是坐公交车去寻访，那么在海尔路虾子蝙车站下车，从一个加气站附近一直往下朝江边走，走到大佛寺长江大桥东侧桥面下时，一眼就能看到这座长虹卧波似的拱桥。

这是一座三孔石拱桥，全长172米、宽8.1米、高20米、单孔跨径12米。前面说过，重庆地区现存规模最大的一座古桥，是174米长的涪陵龙门桥。那么你眼前这座偃月桥，应该就是重庆现存第二大古桥了。

龙门桥建于光绪元年，也就是1875年；而在偃月桥的桥拱顶部，你抬头就能看到建桥者当初刻下的铭文："大清道光二十八年，戊申仲夏，日吉旦，存心堂捐建。"

道光二十八年，公元1848年，岁在戊申。仲夏，农历五月；吉旦，每月初一。

这真是一座漂亮的桥，修长，挺拔，却又丰盈。它呈西南—东北走向，横跨在桥下那条涌入长江的茅溪河河口之上。长江汛期的茅溪河，固然谈不上清澈明净，但在172年前那个“仲夏吉旦”之日，当这座气势恢宏的大桥隆重落成之时，茅溪河一定是一条明亮的清溪。大桥的三个半圆形桥拱，恰似三弯半弦月扣在水面上，当它盈盈映出三弯倒影之时，一定会在长江之滨造出三轮满月。

桥外是滚滚长江东逝水，桥内是江上明月共潮生，这亦动亦静的节奏，再加上桥畔的茵茵花草，不就是一幅活生生的“春江花月夜”么？

所谓“偃月”，就是半月的意思。茅溪这座偃月桥从命名那一刻起，仿佛就知道自己的美学价值所在。张若虚虽然是在扬州写出了冠绝全唐的《春江花月夜》，可是同样的景致，并不只扬州才有。

好看，好用，这两个词就能概括偃月桥的特点：审美价值与功能价值俱佳。今天你走上桥面就能发现，如此宽阔的一座大桥，绝不仅仅是供人行走那么简单，在没有汽车的清朝，它足以支撑两个反向而行的马队同时过桥。

你再下到江边观察，会发现桥墩底部用条石砌出了厚实而规范的围挡结构，这样做的目的只有一个——防撞，防止过往船只或汛期漂浮物撞坏桥墩。显然，高达20米以上的桥拱高度，也足以支撑茅溪河的入江航运。看来那个叫作“存心堂”的古代业主单位，是存心要把偃月桥打造成一个百年大计、样板工程。

据说，这个“存心堂”是清朝中晚期出现的一个民间公益慈善组织，广泛活动于南方各省，骨干成员全是各地的知名乡绅和士子。这是一个由儒家传统文化熏陶出来的精英群体，他们以强烈的使命感和荣辱观，填补着官方势力难以触达的社会基层空白。而修桥铺路，无疑就是他们最重要的业务之一。

要想桥渡人，就得有人来造桥，桥与人之间本就是这种动态关系。正是在这不断的互动中，城市文脉才得以一路传承。

站在偃月桥上凭江临风，你就是忍不住会去想这些深奥的道理。因为你脚下是近二百年前古人架起的桥、走过的路，头顶是车流滚滚、连通黔滇的大佛寺大桥，远处还能隐约看到美轮美奂、夜吐光华的朝天门大桥，没有比这古今同框的画面更能引人遐思的了。

我从哪里来？要到哪里去？答案都在偃月桥上。

—

走过偃月桥，沿着长江继续前行大约一公里多，绕过江岸上一座小山包，就到了至善桥头。桥的那一头，便是寸滩老街。

不过不建议你这么走，因为在这一公里多的江岸上，只有一条野草丛生的羊肠小道等着你。这条小道只是钓鱼爱好者们踩出来的路，禁渔期几乎没人会走，汛期来临时，它又会被江水淹没。

可是在前清道光年间，这条路却是一条不折不扣的川渝古驿道。刚才讲过，那时的人们想从江北城出发去往渝北、垫江乃至四川的邻水、大竹、万县等地，就必须过三洞桥和偃月桥，再经至善桥穿过寸滩古镇，也就是今天的寸滩老街，沿着长江一路北去。所以在老街附近的头塘，还留下了一座清代驿站。

总之，这曾是一条热闹非凡的大路，每天都会有形形色色的人们为了养家糊口的共同目标，不断穿行在路上。马帮的骡马队会一路响着铃铛，盐帮的兄弟们会挑着担子一路“嘿咗嘿咗”，麻乡约（清代四川民间创办的一个邮递＋物流企业）的小哥们就更不得了了，他们一定会像今天的外卖骑手一样背负着各种订单，风风火火穿出人群，一路绝尘而去……

可是这条路今天不在了。唯一残存的原始片断，就是偃月桥和至善桥。刚才说过的那些人，当年都曾从桥上走过，在大自然的磁场中封存下所有的信息。只要你走上桥去，这些信息就会瞬间被激活，像老电影一样一幕一幕还原在你眼前。

看到桥就会想到人，进而生发出人生路上的诸多感慨，这种奇妙的情愫并不是我们今天臆想出来的，古人老早就是这样想的啦。不信你看刘禹锡的诗：

清江一曲柳千条，二十年前旧板桥。曾与美人桥上别，恨无消息到今朝。

二

至善桥也横跨在长江一条小支流——双溪河入江的河口上，桥外不但有浩浩长江，还有繁忙的寸滩港。桥长 96 米，单孔石拱，你若站在长江边回望过去，会觉得这拱不但气派，还相当扎实有料。

可是走到桥面再看，至善桥的现状却并不是很好——长江上游一侧的桥头，在桥内侧部位垮掉了一块，而对面桥头则在桥外侧部位也垮掉了一块。两处垮塌部位刚好成一条对角线，垮塌的体量也大致相当。

这不是现在垮的，而是在桥建好之后的若干年里，逐渐垮成了这个样子。它是什么时候建成的呢？桥拱顶部也有题刻：大清道光二十七年，江巴绅商士民同建。1847 年，比偃月桥还早一年。

两侧桥头仿佛约好了一样同步垮塌，这让当地的“绅商士民”好尴尬。于是在一百多年的岁月里，这座桥经历了很多次整修，重点就是想解决桥头这道难题。不过没有用的，修了那么多回，今天你看到的还是当初那副“死相”，令人哭笑不得。

所以这座桥自古就有一个民间流传甚广的名字：鸳鸯垮。垮一边算什么，得两边都垮才好耍；两边都垮又算什么，还得左右对称、举案齐眉、比翼双飞，这才叫新鸳鸯蝴蝶垮……

垮归垮，并不影响这座桥沟通双溪河两岸乃至江北整条川渝古道。桥头垮塌是因为两岸地基凑巧在对角线上发生了自然沉降，可至善桥绵延173年至今仍能通行的事实却足以证明，你看到的那个扎实有料的桥拱是真的，道光年间的匠人们造的，真是一座良心桥。

两侧桥头垮塌的部位，如今都已被经年累月的泥土填满了。为了确保安全，当地政府在寸滩老街这一侧的桥头砌了一堵水泥墙，意在阻止人们上桥。可是，老街上的居民们几乎每天都会绕过这堵墙，轻轻巧巧地上桥去走自己的路。柴米油盐酱醋茶，样样都是要紧的事，不过桥的话，你说怎么办？

如今的寸滩老街已拆迁了大半，只有为数不多的老寸滩人还住在那里。桥头的老黄桷树依然提供着夏日的荫凉，废弃的石磨依然堆在桥头的石梯坎边，提醒着每一位过桥的行人：上完这坡梯坎，就有豆花饭哟！

豆花饭馆真的还在营业，就像过去二百年来的每一天一样，不过今天它的主要客群，很可能已经变成了钓鱼爱好者。对，禁渔期之前，至善桥边的垂钓者简直不要太多，而且是风雨无阻的那种。他们看上这里的原因除了有鱼外，恐怕还有难得的风景——

长江清风徐来，双溪河水波不兴，老街静静地陪伴身侧，上方的老寸滩大桥也车流稀少，唯恐声音过大吓跑了鱼儿。所谓“采菊东篱下，悠然见南山，问君何能尔，心远地自偏”，也不过如此了吧？

老寸滩大桥比至善桥高出了一大截，之所以车流稀少，是因为在比它还高的地方，有了一座车水马龙的海尔路高架桥。在比海尔路还高的地方还有一座高架桥，每天奔驰在那上面的，是轻轨列车。

你坐在至善桥下观江，抬头就能在一个画面里同时看到古往今来的四座桥，它们高低错落、走向一致，穿越了二百年历史烟尘，平行存在于同一个时空。如果你再把眼光向长江方向投射一点过去，还能看到下游不远处寸滩长江大桥那一抹鲜艳的中国红。那更是一条宽敞的大道，一头通向远方，一头连着家乡。

所以说，至善桥的美并不在外形，而在以它为纽带串联起来的这些景致。就算剥离掉现代才出现的那些路、那些桥，桥头那条炊烟袅袅、豆花生香的寸滩老街，还有不远处那座可以遮风避雨、歇脚投宿的头塘驿站，就足够为过桥的旅人们编织家的温暖了。

漫步人生路，我们需要的不仅仅是未知，还有踏实。道光年间，至善桥建成不久后的某一个傍晚，一位名叫何彤云的读书人回家路经此处，过桥时看到江山之际明月在天、桥边小庙油灯昏黄，忽然心生感慨，写下了一首题为《晚归过寸滩》的诗。这可能是对至善桥“灵魂家园”内核的最好解读了：

至今归梦似桥长，老衲高岩说大荒。气岸遥怜山月去，能消万古减愁肠。

—

过了至善桥，沿着江边继续向东北方跋涉一公里多，就会来到一个名叫黑石子的地方。这里又有一条小河沟从高处淙淙淌下汇入长江，在河沟上又有一座单孔石拱桥，叫作明月桥。

无论从规模、外形还是环境看，这座桥都不能与偃月桥和至善桥媲美，但它却是三座桥里来路最坎坷的一座。据说它始建于道光十八年（1838年），比另两座桥都要早。可是在同治九年，也就是公元1870年，垮掉了。

为什么会这样？因为这一年的七八月间，长江暴发了史上规模最大的一次洪水，从水情数据到灾情数据，全部超过了长江流域古今有记载的另外12次特大洪灾（古代7次，20世纪5次，包括1982年和1998年这两次），史称“庚午之灾”。

在这场末日般的洪水里，偃月桥和至善桥都曾被彻底淹没，可它俩都挺了过来，水一退又是两条好汉。只有明月桥不幸被冲垮了。于是水退之后，当地百姓在桥址基础上又原样重建了一座新的拱桥，还叫明月桥。

这座 2.0 版明月桥从同治九年坚持到了民国九年，也就是 1920 年，又垮掉了。当地人没有放弃，在原址上又原样建了一座 3.0 版明月桥。这回就好多了，一直管了 100 年，你现在不但能看到它，还能走上桥去看风景。就是这座 3.0 版本，在近一百年里也经历了多次迭代升级，今天如果有必要的话，它还能过汽车。

182 年，同一座明月桥，建了三次，修了 N 次。很难理解住在黑石子的人们为何如此执着，感觉他们好像是在用一座桥跟老天较劲似的，还一辈辈地认准了同一个死理，不抛弃，不放弃。

正是因为有了这样一座屡次重生的明月桥，长江之北的江岸上，那条蜿蜒曲折的川渝古道才得以长期贯通，接续着一代代江北人、重庆人生命与生活的希望。人、桥、路，这三样看似不相关的事物，在这里融为了一体。

让我们记住江北那些在或不在了的古桥吧：普渡桥，嘉陵桥，万缘桥，龙湖桥，卷洞桥，上平桥，下平桥，上双桥，下双桥，石桥沟桥，盘溪桥，南桥寺桥……

不管是否被载入史册，它们都是我们的祖先走过的路，那路上都有他们曾努力想要留下的东西。走过桥去，就是从他们的全世界路过。

第六章

城门几丈高

——江北城保定门——

一

说起重庆的古城门，你最先想到的，一定是渝中半岛上那“九开八闭十七门”。

央视播过一部纪录片，叫《城门几丈高》，片头曲是一首民间流传已久的顺口溜——《重庆歌》：

> 朝天门，大码头，迎官接圣；翠微门，挂彩缎，五色鲜明；千厮门，花包子，白雪如银；洪崖门，广开船，杀鸡敬神……储奇门，药材帮，医治百病；金紫门，恰对着，镇台衙门；太平门，老鼓楼，时辰报准；人和门，火炮响，总爷出巡……东水门，有一口，四方古井；正对着，真武山，鲤鱼跳龙门！

光看文字，韵味出不来。光听朗诵，不讲究技法的话韵味还是出不来。于是电视的优势就出来了——用铙钹+大鼓的打击乐当背景乐，和着密集的鼓点儿，一个中年大叔用糅合了川剧念白元素的RAP方式来唱《重庆歌》，再配上《清明上河图》那种感觉的手绘重庆老城图，图里的人还能动起来，那效果，简直不摆了。

用行云流水、抑扬顿挫、珠落玉盘、余音绕梁来形容这首歌，全部贴切到令人发指。尤其是听到“人和门，火炮响，总爷出巡——呐！”这句，正宗的重庆方言一唱三叹，活生生一幅总爷出巡摆谱的画面，一定会真实地浮现在你面前。

这样一座重庆城，来路在战国时代。

公元前316年左右，著名的战国大忽悠张仪带着秦国大军南下伐蜀，一举灭掉了蜀、巴、苴三国，把四川并入了大秦的版图。

蜀国的都城在成都，巴国的都城在江州，也就是重庆。张仪比谁都清楚，治理巴蜀的关键就在成渝两地：成都是天府粮仓所在，地理上也更靠近关中，是当然的政治中心；而重庆扼两江交汇之地，与秦国的最大对手楚国隔三峡而望，是当然的国防锁钥，进退皆系于此。

于是张仪在成都筑起了大城与少城，成了今日成都的基点。而在此之前，他已经在数百里外的重庆筑起了另一座城池，史称“仪城江州”。

张仪筑起的这个最初的重庆城，一定有城墙，也有城门。可惜它是土造的，早已湮灭在历史深处，找不到了。甚至，这座城到底在哪里都有好几种说法，归纳起来其实就是两种：

要么在渝中半岛下半城一带，要么呢，就在江北城。

二

在遥远的冷兵器时代，修筑城墙似乎是人们最可靠的一种自保手段。有了金城汤池，对外可以御敌，孟子不是说了嘛：

> “三里之城，七里之郭，环而攻之而不胜……不胜者，是天时不如地利也。”

对内呢，城墙又可以聚合人口与生产资料，并确保其在统治者权力范围内运行。今天我们老是爱探讨“权力的边界在哪儿”，那都是虚拟的概念，只有在古代，权力的边界肉眼可见，就是城墙几里长、城门几丈高。

所以古人筑城的时机，一般来讲有两个：要么是大敌当前，权力即将旁落；要么是承平之初，大权刚刚在握。

张仪筑起的重庆城墙，更有可能在江北城。在他那会儿，巴国的农业人口与生产资料主要分布在嘉陵江流域，而不是长江流域；嘉陵江流域里又主要在北岸，而不是南岸。因为北岸连通川陕，地势相对开阔，更有利于农耕和贸易，就这么简单。

秦灭巴国后设了一个巴郡，最初只辖六县：江州（今江北区及渝中半岛）、垫江（今合川区）、阆中、江阳（今四川泸州市江阳区）、宕渠（今四川渠县）、符县（今四川合江县）。你看，六个里边儿有四个都靠着嘉陵江。

巴郡的治所设在了江州县，准确说是今天的江北区。这种状况一直保持到了汉代。东晋成书的《华阳国志》明确了这个说法："汉世，郡治江州巴水北，有甘橘官，今北府城是也。后乃还南城。"

2005年江北城拆迁的时候，考古工作者在地下发现了东汉时期的"丁"字形排水渗井和大型建筑构件，基本上明确了那个"北府城"的位置，就在江北城一带。这就是说，重庆老城墙的根儿大概率扎在这儿。

那"乃还南城"又是什么意思呢？《华阳国志》又说了："李严更城大城，周回十六里；欲穿城后山，自汶江通水入巴江，使城为洲。求以五郡置巴州，丞相诸葛亮不许。"

公元226年，诸葛亮出师北伐，为了稳住三峡后院以防东吴趁机摸进来，他派了托孤重臣李严去重庆主事。李严一眼就看出江北城是块浅丘开阔地带，易攻难守，要巩固重庆城防的话，非在险峻的渝中半岛另造新城不可。于是他到任后第一件事就是"更城"，更到嘉陵江南岸去。

江北城小，当然是"小城"；渝中半岛大，自然就是"大城"了。所以李严"更城"而去的这座"大城"或"南城"，周长达到了汉制16里，换算一下就是6公里多，城墙内的面积大约3平方公里。后来有学者认为，李严"大城"的范围大致在朝天门—南纪门、小什字—较场口一带，也就是今天的下半城。

—

李严有才，也有野心。所以他的脑洞开得很大，还想"穿城后山"，意思是打穿半岛制高点浮图关，连通汶江（本为岷江，晋人用以指长江）和巴江（嘉陵江），把渝中半岛变成一个孤岛，然后划五个郡给他设一个计划单列的巴州，他要当巴州刺史或巴州牧，跟兼着益州牧的丞相平起平坐。

这份夹带着政治私货的宏伟蓝图，当然被丞相一眼识破然后一票否决了。然而李严在蜀汉帝国危急存亡之秋筑起来的这座半岛大城，却奠定了重庆城新的政治经济中心。

南宋末年，又一个危急存亡之秋，大宋重庆知府彭大雅正是在李严所筑土城的基础上继续向西、北两个方向拓展，直到通远门一带，使得城墙周长达到了 7 公里以上、城内面积达到了 4 平方公里左右，奠定了重庆城未来的格局。

值得注意的是，彭大雅同学曾出使过蒙古，深知蒙古人攻城手段的厉害，所以他扩建的重庆城墙，全部采用了砖石结构。正因为这样，南宋末年的重庆老城墙才会顽强地残存到了今天，还曾在朝天门来福士的施工现场重见天日，与我们短暂地相会。

1371 年，明玉珍的大夏国刚刚灭亡，大明朝皇权初定，亟须彰显它的威仪。指挥使戴鼎便用上好石料培修改造了彭大雅的城墙，又按九宫八卦的理念开设了十七座城门，最终成就了《重庆歌》里这座韵味十足的老重庆。

你看，无论是张仪、李严还是彭大雅、戴鼎，也无论是江北城还是渝中半岛，重庆历史上那些渐次崛起又渐次湮灭的城墙与城门，无不遵循着一条“城墙定律”——财富在哪儿，权力就在哪儿；权力在哪儿，城墙就在哪儿。

不过大家都饱读过圣贤书，知道孟子还说过后半截话：“域民不以封疆之界，固国不以山溪之险，威天下不以兵革之利。得道者多助，失道者寡助。”意思就是要想城墙不倒、城门不失，终究要靠“得道”。

当全世界都在农耕文明里讨生活时，人们坚信这个“道”就是人心，所谓“地利不如人和”。可是，当工业革命的浪潮席卷而来，城墙内的统治者就遇到了一个三千年未遇之大变局：

即便所有的臣民都支持他，“道”也并不在他这一头，而是在城外，以一种全新的面貌杀将过来。这面貌十六个字就能形容：

世界潮流，浩浩荡荡，顺之者昌，逆之者亡。

“九开八闭十七门”所代表的这座重庆老城墙，自戴鼎之后再也没有大的变动，直到1929年被拆掉。然而在戴鼎之后四百多年，重庆城还新筑过一座城墙，还新开过十座城门。

没错，这城墙就在江北城。它只存在了短短一百多年，就跟嘉陵江对岸那座至少有着一千八百年历史的老城墙一起，倒在了浩浩荡荡的潮流里。

—

张仪的古城墙已不可考，江北城的城墙却来路清晰。它初生在清朝嘉庆三年，公元1798年。关于它的故事，得倒退五年，从1793年的北京紫禁城讲起。

那一年是乾隆五十八年。当年农历八月十三日，公历9月下旬的某一天，是乾隆皇帝虚岁83岁大寿，也叫“万寿节”。在潮水般涌进京城的祝寿队伍里，出现了一堆特殊的面孔——大英帝国马戛尔尼使团。

英吉利国王乔治三世之所以要派马戛尔尼来华拜寿，真实目的在商业。众所周知，英国是世界上第一个迈入资本主义门槛的国家，也是第一次工业革命的发源地，因此它爆发出了惊人的内力，必须要满世界寻找两样东西来泄火：原料产地，商品用户。

在18世纪90年代初，美国独立已成定局，无论是北美大陆还是印度次大陆，都满足不了英国国内持续增长的进出口需求。帝国新的经济增长点，无疑要着落在东方的大清身上。

地广、人多、钱多、友善，这是数百年前马可·波罗带回欧洲的中国印象。

然而在现实中，率先进入中国的英国商人却遭遇了困境——大清帝国并不乐意跟他们做生意，只开放了广州一处口岸通商，关税高得离谱不说，还对贸易活动附加了各种苛刻的限制，连英商上岸去方便一下都不是很方便那种。

所以马戛尔尼访华的主要使命，是代表西半球最强国家来跟东半球最强国家进行一次平等谈判，争取在华自由贸易的机会。这是18世纪末全球最大两个经济体的首次官方接触。如果能谈出一个互惠互利的好结果来，那么中国和世界的近现代史，都有可能被改写。

英国人诚意很足，给乾隆皇帝带来了几大船寿礼，包括最新式的蒸汽机、纺织机、连发枪、榴弹炮，以及当时世界上最强大的战列舰——皇家海军“君主”号的仿真模型。他们准备借此向大清皇帝提出六项诉求：

1. 允许英商到宁波、舟山和天津贸易；2. 允许英商在北京设立商业机构；3. 划出舟山附近一处海岛供英商居住和存货；4. 在广州附近划出一块地方，任英国人自由来往；5. 英国商品自澳门运往广州，享受免税或减税；6. 确定船只关税条例，按例上税，不额外加征。

用今天的思维来看英国人这六条，第1、2、6三条完全没问题，双方对等办理即可；第4、5两条需要用中国法律加以规范限制，也可以谈。只有第3条涉及领土主权，拒了就是。

可惜，1793年的乾隆皇帝和他众位爱卿的思维，跟今天的我们并不在一个频道上。

—

在大清君臣们心里，普天之下，莫非王土，英吉利再牛，也不过是天朝的一个化外藩属而已，不高兴了唤尔一声“西戎”，尔又能如何？

所以马戛尔尼这次访华之旅，从一开始就错了：他以为是来双边会谈、平等协商的，可乾隆皇帝及其和珅、福康安们却认为，这帮洋人跟朝鲜、缅甸、琉球等传统属国一样，是来例行朝贡的。

从这种满拧的状态出发，马戛尔尼在紫禁城外候驾的日子里，与礼部官员们发生了多次争执，就为了一件事：使团面圣时，到底跪不跪？

为了完成使命，马戛尔尼让了步。他回忆说，最终在承德避暑山庄见到乾隆皇帝时，自己行了觐见英王时才会用到的最高礼仪——单膝跪地。而在中方的记录里，鬼佬们却是一丝不苟行了三跪九叩大礼。

看似细枝末节的礼仪之争，预示了这次东西方文明和平交汇的失败结局——

乾隆皇帝收下了乔治三世的“孝心”，却认为这些尖端产品只不过是洋人的“奇技淫巧”，除了逗乐解闷儿，毫无用处。至于对方提出的六项诉求，一律驳回，驳回的理由不是什么领土、主权、关税之类的国家利益考量，而是“不合天朝体制”。千百年来，哪有藩国跟天朝上国平起平坐谈条件、做生意的呢？

马戛尔尼则通过这次心灵的一万点暴击，从一个狂热的中国文明追捧者变成了蔑视者。他所看到的大清帝国，只不过是一个愚昧封闭、肮脏慵懒的纸老虎，与世界潮流完全隔绝。要想让他们懂道理，不能靠战舰模型，而要靠真的战舰。什么“地广、人多、钱多”，分明是“人傻、钱多、速来”。

仅仅40多年后，真的英国战舰来了，得到了马戛尔尼当初想得到以及没想到的一切。

乾隆皇帝让马戛尔尼带一道圣旨给乔治三世，作为回礼。其中有这样一句话：“天朝抚有四海，惟励精图治，办理政务，奇珍异宝，并不贵重……”

这就是他的真实想法。在紫禁城高大坚固的城墙内，天朝抚有四海，富甲天下，基业永固，万世长青，没有任何必要与洋人口中那个“世界”

发生平等联系。乾隆盛世，十全武功，朕的世界，你们不懂。

可惜这只是一场春梦。最先打破这个梦的，还不是英国战舰的隆隆炮声，而是几年后的一场大动乱。

一

马戛尔尼走后仅两年，公元 1796 年，清嘉庆元年，在中国腹地的湖北、四川，爆发了波澜壮阔的白莲教大起义。

起义的深层诱因，就是乾隆朝的极端专制与腐败。以和珅为代表的官僚集团在皇权纵容下大肆兼并土地、搜刮财富，在中原和江南地区制造了多达数百万的失地流民。这些人只能背井离乡，聚集到川、陕、鄂交界的深山老林去谋生。久而久之活不下去，自然要揭竿而起。

北方白莲教零星的起义活动，其实在马戛尔尼访华时就有了，只不过未成气候。外宾一走事儿就大了——1796 年 2 月，湖北宜都、枝江一带的白莲教首领张正谟、聂杰人率众起事；4 月，襄阳地区的白莲教教众又在王聪儿、姚之富率领下举旗响应。湖北顿时翻了天。

宜都、枝江这一路义军占据了几处山寨和县城后就打算固守下去，很快就被清军各个击破。襄阳义军吸取教训，采取了流动作战策略，队伍迅速壮大，成了湖北全省义军的主力。在此激励下，当年 9 月，四川达州徐添德，东乡（今四川宣汉）王三槐、冷天禄等先后率众起事，战火瞬间燃遍川东北。

1797 年，襄阳义军入川与四川义军会合，加上陕西、河南方向遥相呼应的友军，一时间四省震动，把大清腹地捅得千疮百孔。已成烂泥的八旗、绿营兵根本不是对手，朝廷上下全傻了眼。危急时刻，一个叫龚景瀚的地方官员献了一计，核心就两条：

第一，令各地自办团练乡勇，以弥补一线军力不足。说白了就是对八旗、绿营彻底弃疗，让本乡本土的子弟兵顶上去，只有他们才有足够的战斗意志。

事实证明这一招特有效。几十年后太平天国闹事，没有嘉庆年间这个成例可循的话，大清恐怕保不住江南。

第二，坚壁清野，结寨筑城。这一招更狠，直接击中了以流动作战为特性的义军的命门。走到哪儿都筹不到一颗粮食，甚至连个带路党都找不到，那种感觉可不是一般的酸爽，只有后来的日本鬼子才能感同身受。

嘉庆皇帝对此计极为赞赏，还画龙点睛加了个第三条："不论教不教，但论匪不匪"。这一招就更绝了，用现在的话说就叫首恶必办、胁从不问、坦白从宽、抗拒从严。意在诱导尽可能多的白莲教普通教众投降归顺，分化瓦解义军的组织体系和队伍建设。

上述三策以谕旨颁行后，襄阳义军在四川很快就混不下去了，只好折回湖北老根据地求生存。结果在郧西县被清军包围，王聪儿、姚之富被迫跳崖自尽，这一路就算失败了。

四川达州、宣汉义军也陷入了两难——留在川东北根据地当然更有利，可当地坚壁清野搞得实在是好，大伙天天都吃不饱，只好流动到别处看看，结果越流动越被动，终于也混成了流寇。

总得四处都去碰碰运气的。于是在1798年的某一天，四川白莲教义军的某一支小分队从达州一带跑到了重庆觅食。重庆哪儿呢？鸳鸯桥。

这个地方今天叫作两江新区鸳鸯街道，离江北城大约十多公里，开车二十来分钟可至，步行也就小半天的事。

那时候的江北城，是江北厅的治所。按大清府、厅、州、县的基层行政体系，江北厅管辖嘉陵江及长江以北，厅署地位与渝中半岛的巴县衙门平起平坐。究其原因，还是因为江北一带自古便是繁华要道。

饥不择食的“教匪”就在二三十里外，几乎可以肯定是要来江北城打秋风的。怎么办呢？

遵旨，筑城墙呗。

二

一个有趣的问题出现了：与朝天门隔江对望的这块江北土地，到底叫江北城还是江北嘴？

遍查古籍，你找不到“江北嘴”的来路。这个称呼很可能是近十来年随着江北城整体开发而诞生的新名词，很可能参考了千里之外名动天下的“陆家嘴”。

然而“江北城”的出处，却有着确凿的史料依据。清道光十五年孟夏月，公元1835年5月，一个叫高学濂的官员写了一篇题为《创修江北城记》的碑文，刻在了一块石碑上。这块石碑的复制品如今就立在大剧院附近保定门的内侧。周末有空的话，你可以去看看。

写这篇碑文的时候，高学濂的职务是前任重庆府江北同知、现任资州知府（资阳、资中两县旧为资州）。从碑文内容看，他直接参与并领导过“创修江北城”，记述是可信的。

从高大人朴实简练的文字里，你能清楚看到“江北城”三字从何而来——

嘉庆三年，教匪跳梁，流贼窜至鸳鸯桥，距厅治二十余里。居民扶老携幼，夜渡嘉陵江，覆溺无算。于是筑土城以卫之。

对，江北城之所以为“城”，就是因为在1798年的那一天，四川的白莲教义军跑到了鸳鸯桥找吃的，吓得二十多里外的江北居民争相渡江去渝中区逃难，其间发生了悲惨的溺亡事件。所以地方官便紧急筑起了一道土城墙，把这片本来没有城墙的开阔地带，变成了一座具备军事防御功能的城池。

这既是朝廷旨意，也是形势所逼。自蜀汉李严“更城”之后1500多年过去了，两江交汇处这江北一隅，终于出现了一道封闭的城墙，东西南北各设了一座城门，分别叫作岷江门、嘉陵门、问津门、镇安门。

主导这次筑城的人叫李在文，当时的江北同知。事发仓猝，他只能建一道土城墙应急，没想过耐久度的问题。不过鸳鸯桥的那股“流贼”很快就消失了，没有窜来江北城，土城墙并未派上实际用场。

然而没人想拆掉它。山高皇帝远，谁说得准下一拨“流贼”何时会来呢？还是躲在城墙里面比较安全。于是“江北城”从此成了一个固定称呼，在九开八闭十七门之外，筑起了又一座重庆城。

土造的城墙很快就坏掉了。据高学濂记述：“道光癸巳（1833年），余权厅篆（掌厅长官印），土城亦倾圮（pǐ，倒塌）无存。”你看，1798年筑起来，1833年就塌得毛都不剩了。怎么办？接茬修呗，这回用石料，看它还倒不倒。

1833年，代理厅长高学濂发动江北士绅民众捐款，加上财政拨款，凑了三万八千五百余两银子，开始重建江北城的城墙。工程刚开工他就高升去资州了，继任者福珠郎阿接茬干，终于在1835年的5月竣工落成，还专门请他这位老同志撰写了碑文，共襄盛举。

这是一道周长2.5公里多的城墙，牢牢围护住了约1平方公里的江北城核心区域。城墙全用石料砌成，平均高度4米左右，跟渝中半岛的明代城墙比差不了多少，称得上固若金汤。

城墙内那1平方公里的土地，就是今天江北城街道的辖区范围。古往今来，城中白云苍狗，唯有繁华依旧。

一

崭新的城池重开了八座城门，重起了名字：正东为汇川门，正南为保定门，正西为镇安门，正北为文星门；东南为觐阳门，东北为东升门、问津门，西南为金沙门。

跟渝中半岛上那座城一样，江北城也很快有了一首描写城门的歌。不同的是，这是一首不错的七言律诗，出自一个名叫黄勋的道光年间文人之手，阳春白雪高端大气，与下里巴人的《重庆歌》形成了鲜明反差：

朗朗文星照九重，问津那许白云封。镇安永远资神护，保定于今际世雍。
沿岸金沙随浪涌，汇川火井衬波浓。觐阳红日东升处，恰对涂山第一峰。

这首诗很妙啊。妙就妙在把八座城门的名字不动声色地嵌了进去，每一座都出现在它该出现的地方，语义贯通、叙事完整、意境浑然，毫不牵强。技法上也值得点赞：颔联与颈联共讲了四座城门，不但做到了自然晓畅，还按律诗规矩基本做到了对仗工整。这位黄诗人，真的很强。

如果有人也给这首诗配上以铙钹、堂鼓、梆子、唢呐合奏而成的川剧背景乐，也用正宗的川剧念白来演绎，再拿去与纪录片里那首《重庆歌》比上一比，不知道谁的韵味更动人、更安逸、更不摆了？

共饮两江水，同是重庆城，江北与渝中却各有脾气。既然你先选了言子儿下酒，我当然要独辟蹊径、另寻诗意了。

江北城的诗意，也在城门之外。比方说金沙门，之所以叫这个名字，是因为明清时城门外的嘉陵江岸上曾有过大片沙滩，每逢落日洒余晖，便能映得整条江岸金光闪闪，不叫金沙又能叫什么？

这幅美图今天已看不到了，但它却是乾隆朝以前的“渝城八景”之一：北镇金沙。就像黄勋激情吟咏八座城门一样，清代诗人傅峤面对这金沙奇景，也是张口就来：倚栏频北望，雄镇拥金沙。江隔襄樊界，星繁博望槎……

金沙门外的嘉陵江中还有一处江心沙洲，如今因三峡蓄水永沉江底了。但它在明清两朝也是一道有名的风景线，叫作“莺花碛”。每逢枯水季节它便会冒出江心，成为文人墨客吟风弄月、赛诗斗酒的风雅之地。

诗意的莺花碛实在是太有名了，所以金沙门外刘家台码头（今天叫鎏嘉码头）那个能登船上碛的小渡口，就叫了“莺花渡”。久而久之，莺花渡附近那片居民区就叫了“莺花厢”；莺花厢里那条小巷，就叫了“莺花巷”。

阳春三月，莺花渡上草长莺飞，一片迷人风光。一个叫姜会照的清代诗人又是张口就来，把这景致写成了诗：

> 花发媚游客，莺啼欢酒家。春城环二水，野渡艳三巴。春雨流金碧，清风渡落珈。会当携斗酒，买棹问莺花。

这是一座农耕文明馈赠给我们的最美江北城，文学与美学意味交织，世吐芬芳。无论城墙城门在或不在，都是一笔值得传承的文化财富。在今日“两江四岸核心区整体提升工程”规划里，江北区决心要做三件事：

复制一座莺花渡；打造一条莺花巷；恢复一个莺花厢社区。这就叫“莺花三弄”。

—

江北城最初那道应急土城墙完工之后大约六年，清嘉庆九年，公元1804年，白莲教起义终于被扑灭了。城内的人们松了一口气，过回了静好的生活。

可是大清却无可挽回地进入了断崖式衰落。为了搞定乱局，朝廷不但耗光了乾隆盛世节余下来的近八千万两银子，还额外追加了一亿二千万两，总共花了差不多二亿两。而嘉庆初年的国库岁入，只有约四千万两。

大清从此过上了入不敷出、寅吃卯粮的日子，直到灭亡。这还不算什么，要命的在后头——

和珅虽然被嘉庆皇帝砍了脑袋，但大清官僚集团的根本性腐烂却已不可逆转，和珅无处不在、无时不有。相应地，朝廷的治理手段也在加速失效，整个治理体系面临崩盘。也就是说，皇帝在紫禁城里所掌控的这个国家，跟紫禁城外那个真实的国家，越来越不是一回事。

然而在城墙之外的远方，英国人的真战舰却已悄然逼近。

高学濂深情点赞的那座新江北城竣工才五年，清道光二十年，公元1840年，第一次鸦片战争爆发了。随着东南沿海一座座城墙、炮台被炮弹轰垮，乾隆和嘉庆父子俩垂死挣扎般保持的自信与高傲，变成了一地鸡毛。在《中英南京条约》、《五口通商章程》等一系列不平等条约的重压下，大清的国门被强行打开了。

道光皇帝这位孙子所承受的屈辱，根子其实就在他那位圣君爷爷身上。但他不可能明白这个道理。国门是开了，那又怎样？他和他的臣工臣民们翻了个身，又睡了过去，不愿回首往事，也不愿认真看看世界。没事别叫我，有事也最好别叫——老规矩，尔等速速筑城去罢。

清咸丰十年，公元1860年，江北城向西来了一次扩城，城墙围护范围比原来大了约1/3，为此增设了永平、嘉陵两座城门，奠定了“十门”格局。而就在这一年的10月，英法联军首次攻破北京城，一把火烧掉了圆明园。

英军在进京之前先行攻占了广州城。战事紧急，坐镇广州的两广总督叶名琛却躲在城墙之内求神问卦，用著名的“六不”动作葬送了广州和他自己：不战，不和，不守；不死，不降，不走。

岂止叶名琛，那会儿大清君臣上下普遍都是这副死相。他们总觉得只要有城墙，就有生存的希望。

然而生存还是毁灭？这一直就是个问题。

二

大清在第二次鸦片战争中的下场比第一次更惨——未曾出兵的沙俄成了最大赢家，抢走了上百万平方公里的中国土地；英国则在长江沿岸和台湾增设了9个通商口岸，势力直达汉口，把长江中下游完全收入囊中；法国则获得了在通商口岸驻军、在中国内地自由传教并置办教产等特权。

所以你就能明白，为什么重庆的南滨路上会至今留存着一处名叫“法国水师兵营”的文物建筑，为什么19世纪末中国百姓与外国教会之间的冲突会如此激烈，以至于诱发了义和团运动。

英国人的野心并未在汉口止步，他们一眼就瞄上了广袤的中国西部。要进入那个新世界，就必须打开它的门户——重庆，那个有着九开八闭十七门，以及镇安保定、嘉陵永平十城门的古老重庆。

1876年，英国人借“马嘉理事件”逼迫清廷签订了《烟台条约》，又增设了北海、温州、芜湖、宜昌四处通商口岸。在这个条约里，出现了这样一条内容：

> 四川重庆府可由英国派员驻寓，查看川省英商事宜。轮船未抵重庆以前，英国商民不得在彼居住，开设行栈。俟轮船上驶后，再行议办。

英国人急不可耐想进重庆，中方谈判代表李鸿章却百般搪塞。他很清楚，重庆一失整个西部便门户大开，大清版图上就再也找不到一块清净之地了。

可是不答应也不行啊。唯一的拖延借口就只有川江和三峡天险了。中堂大人的一番苦心，你只有细品条约原文后才能明白：等蒸汽轮船能开到重庆那天再谈开埠吧，天知道是哪天，也许五十年后？或者一百年后？

峡江自古行船难，半是恶水半险滩；青滩泄滩不算滩，崆岭才是鬼门关。

这样一条令古人今人闻之胆寒的天险航道，此时竟成了大清国最后的防线之一。

然而李鸿章低估了洋人。《烟台条约》之后才过了二十来年，1898 年初春，英国商人立德乐便开着一条名叫“利川号”的平底小火轮从上海出发，花了约两个月逆长江而上，闯过了三峡天险，蹚过了激流险滩，直接停到了朝天门码头。

川江被征服了。

其实在此之前重庆就已经失守了。还是这个立德乐，1887 年就注册了一家“川江航运公司”，特制了一艘名叫“固陵号”的浅水小火轮，还开到了宜昌待命，次年就准备首航重庆。清廷花了足足 12 万两白银收购了这条船，才暂时拦住了这个疯狂的英国人。

船能拦住，有些事却再也拦不住。1890 年 3 月，中英两国签订《烟台条约续增专条》，重庆终于被迫开埠。第二年立德乐便在重庆南岸开了一家洋行，把英国的纺织品、洋火、洋钉等日用消费品一船船地运来朝天门，再把陕西的木材、云南的桐油、贵州的山货、四川的猪鬃等大量工业原材料一船船地运出三峡、运往上海，再跨海送去遥远的曼彻斯特。

至于几年后“利川号”的成功，则是锦上添花，宣告了川江航运蒸汽时代的来临。那家生意红火的立德乐洋行，现在还待在南滨路上，等我们去听它讲述当年的荣光。

英国人的嘚瑟劲儿严重刺激到了日本人。几年后他们在甲午战争中大获全胜，立刻便提出将重庆、沙市、苏州、杭州划为对日通商口岸。1896 年 2 月，日本驻上海总领事来渝会见川东道员（约等于四川省长助理，分管川东片区工作）张华奎，要求在重庆开设日租界。

地方他都替道台大人想好了——江北城。

张华奎却万死不敢答应。前面说过，江北城是江北厅治所在，而江北厅管着两江以北大片土地，这也是大重庆的心脏地带，东洋人在这里划走一块租界，就好比西洋人在紫禁城神武门内圈地跑马，成何体统？

几经拉锯，双方达成了妥协：在长江南岸较荒僻的王家沱划出 700 亩地作为日租界。这是重庆历史上唯一一个外国租界。它的部分遗址，还留在今天弹子石的武警医院里。

王家沱今天有了另一个名字，长嘉汇。在它的对岸上游一点，就是江北城。当年人们站在觐阳门或汇川门的城门洞里，一眼就能望见王家沱高高飘扬的太阳旗。

—

1928 年，重庆各界掀起了要求收回日租界的运动，日本人顶不住，于 1931 年 10 月全部撤离重庆，事实上放弃了这个据点。全面抗战爆发后三个月，日租界被国民政府正式收回。

1929 年，重庆启动了史上首次大规模开发扩城。成于南宋彭大雅、固于明初戴鼎、数度培修于清代的渝中半岛古城墙，被大部拆除了，“九开八闭十七门”除通远门、东水门外，或拆或埋，无一幸存。由此，重庆向着一座现代城市的目标迈出了第一步。

这是中国人自己动手拆掉了自己的城墙与城门。过去一百年来的历史已经教会了我们一个道理：要想城门不失，你就得强大起来；而要想强大起来，首先就得拆掉城墙。如若不然，终究还会跟从前一样，任由洋人用炮弹来帮你拆。

从马戛尔尼访华开始，到重庆人拆掉城墙为止，历史的潮流百转千回，终于迎来了中国这个姗姗来迟、遍体鳞伤的跟从者。

比对岸的渝中半岛还要早一点，江北城早在清末就拆掉了觐阳门。到

1966年重庆嘉陵江大桥通车，数十年间有七座城门被陆续拆除，最后只剩下了保定、东升、问津三门，以及数百米残存的城墙。

尽管建成不足百年，城墙与城门该倒的时候，自然要倒掉。人们已经知道它们保护不了任何东西了，唯一的价值只能是充当生活里的风景，或者江北老居民心中的故乡印迹，供人追忆似水年华、思考路在何方。

2005年，江北城迎来了首次整体拆迁开发。短短数年间，这座来路悠长的小城就变成了江北嘴CBD，成为了长江中上游乃至整个西部的金融中心、中国内陆对外开放的窗口与高地。

对比当年被人用枪炮顶着脑袋开埠，求索之艰难、成长之艰辛，令人唏嘘泪目。

—

东升门和问津门后来也被拆除了，只剩下孤零零一座保定门。今天它依旧矗立在原地，背后坡上是造型魔幻的大剧院，身前对岸是朝天扬帆的来福士。

人们把它整修一新，还用老城墙的清代石料复制了一道数十米长的新城墙，形成了一个公园，以还原历史风貌。于是保定门依旧保持着券顶、双拱的最初造型，依旧保持着3.85米的高度和4米的厚度，你登上城门顶端，依旧能阅尽两江涛浪、胸中豪气陡生。

东升门和问津门也会原样复建，跟保定门聚首重逢的。它们都是财富，值得留下来、传下去。后人只要看到它们，就不会忘记血火换来的历史教训：

在我们和世界之间，不应再有城墙。

定門

第七章

小镇大宅门

—五宝镇—

四甲湾清代民居

—

江北区有个地方叫五宝，从前是个乡，现在是个镇。这个镇方圆不过40平方公里，人口不过一万人，至今以农业为主，看起来很不起眼。

这么一个小镇，如今有一个小目标：它要做整个江北区的“都市后花园”。

如果把江北比作一套大宅子，那么观音桥就好比辉煌的客厅，主人把所有拿得出手的东西都摆到了这儿，整日里谈笑有鸿儒、往来无白丁，最能彰显主人家的实力、品位和气度。

而江北嘴就好比聚财的账房，占定两江交汇处那块风水宝地，真正的生意兴隆通四海、财源茂盛达三江。

顺江而下从寸滩到鱼嘴再到复盛，这片名叫“鱼复工业园区”的土地就像一个超大的书房或者工作间，夜以继日地产生并输出着价值。用《陋室铭》的话说，就叫作可以调素琴、阅金经，修炼城市的内功。

从鱼嘴、复盛再顺江而下，就好像穿过了城市的客厅、书房、卧室，来到了五宝。自古以来中国人营造居所，就算再局促、再喧嚣，也要尽量去闹中取静，为自己保留一方宁静自然的空间，所谓苔痕上阶绿、草色入帘青，无丝竹之乱耳、无案牍之劳形。

没有这样一个后花园，怎么能叫家呢？

所以说，近十多年来一直被严格控制开发的小镇五宝，因为几乎未受现代工业侵袭的原生态农业风貌，加上超过40%的森林覆盖率，成了江北这个重庆客厅的后花园。留住了它，城市就不会被钢筋水泥彻底霸占，住在城里的人们就会有地方呼吸、有地方回忆、有地方思考、有地方从头再来一次。

所谓望得见山、看得见水、记得住乡愁。中国的每一座城市，其实都需要这样一座心灵治愈小镇的。

—

小归小，偏归偏，五宝在古人的眼里，却也是一方风水宝地，跟江北嘴比，别有一番意趣。

五宝这镇子，背靠明月山，面朝长江，与巴南木洞水码头隔江而望，是一块夹在江山之间的难得平坝。用风水先生的罗盘一测，它刚好骑在明月山脉正中间的“龙脊背”上，这就更难得了。所以五宝的人居生活开篇很早，最晚在明朝中后期就已有声有色了。与之相比，观音桥则要等到清朝康熙年间，才能等来第一批“湖广填四川”的垦荒者。

为什么是明朝中后期？因为在明朝万历年间，重庆府衙门在五宝的太洪江口设置了一个类似今天公安分局的机构——巡检司。按《明史·地理志》的记载，当时的重庆府下辖三州十七县，这么大的地盘却只设了五个巡检司，其中一个，就在毫不起眼的五宝。

官方这么做当然是有原因的了。太洪江，又称大红江，是长江的一级支流，发源于四川大竹，一路流经邻水、长寿、渝北，沿途接纳了许多支流，最后汇成一条大河，在五宝注入长江。所以说，五宝的“风水”不但源于它骨格清奇的地形，还来自于长江与太洪江交汇所带来的航运便利。从明清两朝直到上世纪五六十年代，太洪江沿岸数十公里范围内的川渝百姓，从柴米油盐酱醋茶这种生活物资到日常出行，几乎全都依赖于穿梭在江河之间的各色船舶。

紧扼一江一河交汇点的五宝，因此成了江北大地上一处重要的航运枢纽和贸易集散地，大明巡检司所在的太洪岗，因此还形成了一条繁荣的河街，篾铺绳厂、茶肆酒楼一应俱全，大伙都靠着航运吃上了饱饭，乃至于发家致富。

没错，有了这样的土壤，再偏僻的小地方，也有机会诞生土豪。

—

古代的五宝人是有气质的。这气质不光来源于商业贸易所带来的创富本事，还有着文化的加成——最迟从清代开始，太洪江悄悄改了名，人们不约而同地用“御临河”这个高大上的名字来称呼它了。究其原因，是因为江湖上早有传闻：落难的明朝建文帝朱允炆，曾御驾亲临过五宝这一带，想利用太洪江沿岸的复杂地形，躲过他四叔朱棣的追杀。

建文帝的下落，至今是一桩历史悬案。反正大家都说他没有自焚而是跑路了，路线还十分的销魂，从川渝滇黔到鄂粤闽浙，半个中国到处都安排同志们的宿营地。你不能怪今天的人瞎掰，因为清代顺治年间成书的《明史纪事本末》说得言之凿凿：

> （建文帝逃出南京后）由松陵而入滇南，西游重庆，东到天台（浙江天台县），转入祥符（河南开封），侨居西粤。

这本书问世的时候，明朝死而未僵，南明小朝廷还在苟延残喘，仅从史料来源看，它是有一定可信度的。总之在建文帝的流亡版图上，重庆是一个重要的点，不论是南山上的建文峰，还是铁山坪上的僧官寺，都有可能真是当年的“御临”之地。

穷乡僻壤的五宝，也在其中。所谓沧浪之水清兮浊兮，可以濯我缨与足，御临河与长江交汇时的山重水复柳暗花明，对凄凄惨惨戚戚的建文帝来说，没准儿正是一碗心灵的鸡汤。

反正，从太洪江被改名这件事就能看出，五宝人在清朝那会儿就已坚信自己曾经款待过皇帝了，哪怕是个被迫下岗的皇帝，那也是一道显赫的资历，足以让他们在跟外人吹牛时挺直了腰板。同样的情况在御临河沿岸并不鲜见，比方说五宝上游的渝北区龙兴镇，从前一直叫“隆兴”，市侩习气一览无余；自从把“隆”改成了“龙”，皇家霸气侧漏无余，简直要上天。

不过，这种资历也很有可能变成一种刺激。当了皇帝又怎样？仍然不知道明天和意外哪一个先来。所以说人生在世比较舒服的姿势就是：把每一天都当成最后一天过，不问有没有明天。

这样的念头一旦滋生，就会导致疯狂的消费行为。

—

跟龙兴一样，从前的五宝也不叫五宝，而叫“马岭”，一个土得掉渣的名字。大清光绪三十三年，公元 1907 年，当地一个叫魏培生的团总（约等于民兵连长）牵头建成了马岭历史上第一个乡场。该如何命名这个宏大的项目呢？魏团总觉得“马岭场”听起来好 low，应该取个更响亮的名字。

他放眼一望，乡场四周高耸着五座山堡，分别叫作青杠堡、到场堡、麻葛堡、柏树堡、李家堡，像五个保镖似地把马岭乡场护佑在中央，极富祥瑞之气。那就叫“五堡”怎样？嗯，不怎么样，文采方面跟“马岭”一样一言难尽……

于是“五宝”便横空出世了。这个沿用至今、萌并喜庆着的名字，源头就是一个谐音梗。

差不多就在五宝定名的同时，距离乡场一箭之遥的四甲湾里，一户姓王的人家也启动了一个浩大的工程——建一座大宅院，不是一般的大，而是真的很大、很大。

王家的话事人，当然是隔壁老王。我们至今也不知道这个老王到底叫王什么，只好暂且称呼他王大爷。王大爷的祖籍并不是五宝土著，就像川渝大地上绝大部分居民一样，也是随着清初“湖广填四川”大潮不远千里来落户的外省人。至于他家祖籍何处，我们待会儿再聊，当务之急是交代清楚王大爷的建宅动机。

相传，当年的王家是四甲湾里排名第一的大户，连“四甲湾”这个名字也是从他家来的——据说王家祖上曾出过一门四代连中四个举人的盛事。当然，更有可能是连中四个进士，档次更高。因为在古代科举制度里，只有中了进士才分三甲发榜，举人跟这个“甲”字并不沾边。

然而在前面《指路白塔》一章里我们讲过，整个江北渝北加起来，宋、明、清三朝也才只出过26个进士，其中没有出现接连四个人都姓王的情况。举人倒是很多，但翻遍江北地方志，也没发现类似情况。如果老王家没有捏造事实，那就只能证明一件事：他家连中四甲的时候，还在外省老家过得好好的呢。

不管怎样，这样显赫的家世不要说在五宝了，就连在整个重庆府乃至整个四川省，都很难有人匹敌。祖上威武，王大爷自己也是蛮拼的，据说财力之雄厚在五宝名列前茅。显然，光靠种地是很难达到这种境界的，所以说王大爷的物质财富，多半来自于五宝繁荣的江河转运贸易。你要知道，虽然站在风口上猪都会起飞，但并不是所有的猪都有智商和胆气站上风口的，所以王大爷的成功，自有他的道理。

王大爷的配偶数目不详，但可以确定共有三个儿子。这一大家子本来住的也是一所大宅子，已经很不错了，没觉得有什么不对劲。可是，当王家大儿子迎娶邻村张家大小姐的时候，事儿来了。

王家在自家大院里办喜宴，席间张家一个下人嘴欠，跟王家的下人臭显摆：

你家这房子，还不如我家的马圈阔气呢。

这厮完全是在发酒疯，可偏有那么巧，王大爷正好从旁边经过，听了个清清楚楚，气了个五内俱焚。张家也是当地有名的大户人家，两家平日里就暗地较着劲，这回可好，对方一个下人也敢公然上门踢馆，是可忍孰不可忍？

王大爷回头就做了一个艰难而坚决的决定：梭哈，All in。哪怕倾家荡产，也要盖一座超级大豪宅，把亲家一次性摁死，这辈子也别想翻过身来。

一切都按最高规格来，他们想都不敢想的规格，我还不信弄不死小样的。什么？钱？那不是你考虑的问题。什么？宅子盖完没钱了咋办？那不是我考虑的问题。

就在王大爷的一念之间，五宝这个小地方，注定会出现一座在整个重庆都排得上号的大型清代民居建筑，还相对完整地保存到了今天，让我们屡屡惊叹于它的规模和工艺。它与五宝过去闭塞落后的整体状况之间形成了极大反差，令人百思不得其解。

在找不到任何史料佐证的情况下，这个在五宝乡间流传已久的斗富故事，或许就是最接近真相的建筑动机吧。

—

今天，穿过五宝镇古来繁华的乡场，沿着崭新的乡间公路步行一两公里，就来到了四甲湾所在的新山村村口。进村的路也是新铺的水泥路，一派新农村景象。

不用问路，在村道上走不了几分钟，一眼就能看到路边小土坡上那座高大的牌楼式朝门。没错，这就是王家大宅子的大宅门，门楣之上拢共三层牌楼，白壁青瓦，飞檐翘角，即便第三楼已然缺了一角，6 米以上的高度仍然营造出了强大的气场，压迫感十足。

远远望去，这道门很像是一座忠孝节烈大牌坊，从体量气势上讲，完全不输江北渝北现存的几座真正的清代牌坊，例如照母山公园里那座道光年间的节孝大牌坊。

走遍巴渝大地，牌坊很常见，大宅门也不少，可五宝四甲湾这个牌坊式的大宅门却极为罕见，你把它搬到重庆城里，甚至北京城里天子脚下，恐怕也没有几位达官贵人能消受得起。

四甲湾里的王大爷，就有这么豪横。

大朝门两旁没有围墙，显然是垮塌已久，你从任意方向都能一步跨进王家大院，“进门”这道程序，因此只剩下了一种仪式感。不过也好，当你规规矩矩穿过这道门登堂入室，才会产生眼前一亮的感觉。

因为即便今天已破败得不成样子，王家大院内部依然是一派广阔天地：进门后并无传统四合院该有的照壁和天井，而是直接端上来一个宽敞的院坝，地上还铺着青石板。稍微脑补一下就能明白，当年这一定是王家的前花园，不但能跳舞打拳，婚丧嫁娶时还能摆上七八桌流水席，形成一台豪门盛宴的分会场。

穿过前花园，就会遇到用条石垒起来的一米多高的台基，台基之上，才是王家的正宅。拾级而上，虽然两边都是房间，但显然是后来才搭起来的，把这些乱七八糟的房间抹去，才是王大爷当初兴建的原貌——

迈上台基后仍然进不了屋，而是走进了一座漂亮的回廊。这条回廊虽已被后来搭建的房间盖住了，可仍有那么两三个柱头悄悄露了出来，秀出做工不俗的石雕。

想象一下站在回廊里观鱼、赏花、听风、看雨的优雅情调吧，如果嫌这太装了，那么一家人坐在这宽敞而通透的空间里看一台大戏，那也是极好的——回廊右侧的尽头如今虽已变成了猪圈，可知情的老人们说，在这大宅子落成的时候，那里是一座戏台。

王大爷这人，肯定是见过世面的，调性比一般的乡间土豪高多了，知道用回廊式的前厅来区隔前院与后院、前厅与正厅，也知道用怎样的方式，让它变出比玄关更多样的玩法。

穿过回廊往里走，就会走进一个天井似的内院，而在这内院的左侧，还立着一座小号的牌楼式朝门。右侧虽然已看不到另一座朝门了，但它一定是存在过的，一左一右连起一道风火墙，护卫着王家的内宅。

四合院的感觉终于回来了，这才是王家大宅的内核。正面是正厅，或者说堂屋，两侧是厢房，你只需在意念里快速删掉眼前那些杂乱的电线、私搭的棚屋，就能还原出一个长幼有序、庭院深深的深宅大院。

—

院子真的是很破败了，柱头斑驳，墙面剥落，正厅外的廊道里，散落着各个房间掉落下来的门窗残骸，左厢房后面通往戏台位置的那间房，还垮塌得只剩两堵土墙。

可就算这样，你也能分辨出那些原本就属于这个大宅子的房间，真的很不少。文管部门测量过，整座王家大宅面阔 59 米、进深 36 米、占地面积 2124 平方米，将近四亩地吧。这块地要是拿给今天的开发商，盖两幢单体楼无压力。

别的地方不敢说，重庆范围内留存至今的清代民居院落，规模能超过它的真不多。长江南岸的弹子石老街里也有个王家大院，也是清末建起来的，虽然目前只是个复建建筑，但原址的规模气势应该超过了五宝王家。

可弹子石老王家是什么人物？川东盐帮的扛把子，中国近代首批民族资本家之一，连“王家沱”这个地名都是从他们家来的。这样一比较，你就知道五宝这位别说正史、连乡镇地方志里都没留下名字的王大爷有多拼了。盖 house 这种事，跟咖位大小没有关系的，比的就是谁对自己更狠一点。

光是面积大，还不足以彰显王大爷的实力，王家大宅的另一半精华，都藏在门窗、梁柱、墙壁里。

房子结构跟普通的川东民居没什么两样，都是单檐悬山顶（房顶一前一后呈“人”字型斜坡）、穿逗式桁梁架构，以土石砌墙，再以竹木隔墙夹楼。然而细看之下，就会发现许多奥妙——

墙灰里均匀混入了大量碎瓷，这样不仅能增加墙面硬度，还平添了一种瓷砖点缀的效果。试问一百多年前的五宝乡下，有哪个土豪家里用过这种技术？老张家的人呢？出来说话！

光是瓷砖算什么，你再看看老王家的柱头。看清了吗？看清了，不就是雕花嘛，谁家没有啊。

什么叫“不就是”雕花？睁大你的二筒再好好看看，这雕花跟你家那雕花是一个档次吗？你见过一层一层重叠在一起的木雕花瓣吗？每一瓣都是那么的逼真、那么的纤毫毕现、那么的富有质感……

的确如此。即便今天都破败成这样了，当你站在王家大宅正厅的廊道下仰望，仍然会惊叹于梁柱上那些栩栩如生、精美绝伦的木质雕花。它们到底经历了什么，才会愿意委身在五宝四甲湾这样一个山窝窝里？

这位王大爷，你究竟是何方神圣？你为什么就这么喜欢锦衣夜行、明珠暗投呢？

—

王大爷笑而不语。这才哪儿到哪儿啊，你再品品我家门窗家具……

还好，房子虽然都成了极品危房了，但正厅和旁边几个房间的门都在。你轻轻推开它们，厚重感眨眼就能从手上传递过来。那种感觉吧，有点像你去试驾一台车，只要碾过一道小坎，屁股立刻就能感受到底盘的份量。

铁锁都烂得早被撬走扔掉了，可这几扇从清朝末年就安在这儿的木门，依然十分扎实，摸上去不但光滑，纹路也很清晰，看不出任何朽烂迹象。

都是用上好楠木打造的精品，水浸虫蛀一概不怕，有这样的表现，不奇怪。

不仅这门，连廊道上的那些柱子也是楠木材质。要知道在遥远的古代，一般只有宫里那伙人才有实力用上等楠木来做梁柱等建材，而重庆本地虽也产楠木，但品相并不算高。王大爷家的这些房梁柱头显然都是尖货，得从外省采购，运费加上楠木本身的价值，想想都叫人害怕。

这算什么，马上给你放终极大招——窗户上的功夫。

川东古民居在窗户上镂空、雕花十分常见，但大多只是简单的祥瑞符号，例如花鸟虫鱼什么的，有钱人大不了能请到手艺更好的匠人，活儿更精致一点而已。

可王家窗户上雕的除了这些规定动作外，还有极为罕见的画面。对，有人物、有场景、有故事情节的浮雕画面。例如其中一幅：餐桌上摆着几大碗，两个人对坐用餐，其中一个头上戴着双翅官帽，左手捧着碗，右手往前伸，宽袍大袖遮住了右手手部，不知道他是端着酒杯要跟对面那位碰杯，还是饿得太惨了、所以伸出筷子急吼吼去抢菜。

这人身后还有一个人，右手拿着个硕大的容器，左手伸向面前一个貌似灶台的东西，弓着身子好像要接点啤酒饮料出来。结合画面场景看，他很有可能是在盛豆花。桌上那两位已经催了好几遍了，再不上菜就要发飙了……

这是一幅刻在厢房窗棂上的浮雕。岁月斑驳并未对它造成太大损害，我们能看到大部分的细节，包括衣服上的每一道褶皱、墙上竹篓的每一道竹编、房顶的每一块瓦片。画面的空间和层次感也极为丰富，由远及近，过渡自然，呈现出一丢丢 3D 立体效果。

王大爷请来的这位高手匠人，厉害得不是一星半点，放到今天，怎么也得混个国家级工艺大师干干。

带场景和情节的人物雕刻，并不常见于川东民居建筑。在中国辽阔的土地上，有一个地方的人们特别擅长这样玩。

那就是福建。

明清时期的闽南民居，喜欢用大量石材筑台基甚至墙体，也喜欢用碎瓷混合土石来砌墙，更喜欢并且擅长主题雕刻，把孝悌忠信、礼义廉耻等各种题材各种寓意的故事，变成自家窗户上精美的雕刻艺术品。

这样的建筑设计理念，显然与发达繁盛的中原文化有着某种联系。自两晋之交以来，中原地区频遭战乱，由此引发了长达一千多年的中原人口大规模南迁。这些中原移民中的很多人，都选择了相对安全稳定的东南沿海栖身，尤其是多山的福建，还有蛮荒的广东。

很快他们就有了一个统一的名字和身份：客家人。他们给闽粤等地带去的不只是人气，还有着当时中国最为先进的生产技术和生活理念，包括怎样盖房子、怎样住房子。

明末清初的战乱，让川渝大地也经受了不亚于五胡乱华那种烈度的摧残。顺治年间的全川人口，最多也就五十万上下，摊到重庆江北这个小小的五宝，不，马岭，你说能摊到几个人?

“湖广填四川”由此开始了。从两湖到两广，从安徽到江西，再从浙江到福建，中国南方几乎所有省份都参加了这次古代史上最后一次人口大迁徙。从康熙初年到乾隆末年，一百多年里至少有上百万外省移民落户川渝两地，其中差不多1/3都是客家人。

所以说，今天的四川人和重庆人，九成以上的祖籍都在外省。这其中，十有八九也包括这位王大爷。

福建其实不算填四川的主力，有专家研究认为，福建籍入川移民总数不会超过十万人。这十万人中有很大一部分是客家人，他们的落户地主要集中在成都平原到川西各县。然而其中仍然有那么一小部分人，留在了重庆。

王大爷的祖上，就在这一小部分人里吗？他家如果真的有过一门四代连中四举人乃至四进士这种光荣事迹，会是在福建发生的吗？

如果不是，那他倾尽毕生财富建起来的这座豪宅，为什么处处洋溢着八闽大地的风采与风情？

只能推想到这一步了。谁叫王大爷发起狠来不问有没有明天——为了建这大宅子，他真的耗光了家产，甚至连工程都没完工就破产了。好好一个四甲湾第一大户，一夜之间沦为贫民，五宝地方志都懒得给他留下哪怕一个字的空间。

你叫我们如何印证他的籍贯呢？

—

今天已看不出王家大宅到底哪里未曾完工了。即便真是这样，那也只是细枝末节，不影响它的光芒。

那么，破产后的老王家是如何度日的？王大爷的情况妙不妙？面对那个可恨的亲家，他胸中有没有塞满有心杀贼无力回天的悲愤？后两个问题，已经没人知道了。

解放后，王家大宅被政府接收了，前前后后住进去了很多户人家。直到 2020 年、王家大宅成为江北区区级文物保护单位九年后，最后一个住户才恋恋不舍地搬了出去。前面提到的院子里那些后搭的房间，就是这几十年里各家各户的手笔，跟王大爷的毕生心血混在一起，都成了历史的遗迹。

隔壁一位 86 岁的李姓老农告诉我们说，王家盖这座大宅子花了三年时间，最后虽然没完工，但主体已经完成，房间一个不落，好歹是能住人的，所以他们一家都住进去了。话说回来，那时候又没人来收水电气费物业费什么的，再没钱也住得起啊。不住这儿，你叫这个破产之家蹲野地去吗？

王家大儿子很早就病故了，大宅子里就只剩下老二和老三，李大爷小时候跟他俩还挺熟，知道老二叫王楚柏（音）、老三叫王绍轩（音）。解放前后老二也亡故了，就只剩了老三。可据说这老三染上了鸦片瘾，解放后被“关进去”了，等他再回来时，这座无人守候的大宅子，早已换了主人……

就跟历朝历代那些富不过三代的警训一样，五宝这个小镇大宅门的故事，有了一个令人唏嘘而警醒的结局。朝门越威严，规模越宏大，布局越精巧，用料越昂贵，工艺越卓绝，就越能让人在这极致反差中喟叹世事命运的无常，从而去思考那些涉及人生观和价值观的大题目，例如对财富的态度，对荣耀的理解，等等。

—

不管怎样，王家这宅子总算是挺过了一百多年，挣扎着与我们相遇了。在它身上，我们能看到原汁原味的清代民居建筑风貌，能看到前辈匠人们惊世骇俗的艺术感觉和手艺，还能看到不同地域和族群文化融合所带来的奇妙化学反应。

还是得感谢那位被正史遗弃了的王大爷。没有他的冲冠一怒、梭哈斗富，历史就不会给我们留下这样一笔财富。

这笔财富当然也属于小小的五宝。在这个距观音桥不过半小时车程的滨江小镇，内环高速和滨江公路像两条丝带一样缠绕着它，长江和御临河又像两条温暖的臂膀环抱着它，生态观光农业和休闲旅游业因此蓬勃生长，焕发出大好生机。

滨江公路有一段刚好从王家大院背后擦身而过，公路堡坎下就是内院各屋。没有这堡坎的时候，屋子后面这块地就是王家的后花园。

现在有堡坎了，后花园就只剩下一两米宽的空间，早就没有花草了。不过还有几棵竹子，长得还不错。每当车子从上方经过，就会带起一阵风，吹得竹叶沙沙作响，仿佛是在对你说：

来后花园里耍一下？这里有料得很哟！

元代赤道日晷
元代赤道日晷是利用日影位置的变化，计量时间的一种仪器，它是据圭表演变而来。晷面和地球面平行，晷面中心铜制指针与地球自转轴平行，晷面刻有子、丑、寅、卯等十二时辰，针影投射在晷面上所指示的时刻即为当时的太阳时刻。
雨水

重庆宝藏

第八章

中国气象

×

江北城测候亭

第八章

中国气象

——江北城测候亭——

一

很久很久以前，中国古人里的个别智商超群人士，就已经能够预测天气或天文现象了。他们的这种特殊技能一旦用到了某个特殊节点上，足以改变历史。

最典型的一个案例，就是赤壁大战。

在《三国志》里，这场战役分别出现在了曹操、刘备、孙权、诸葛亮、周瑜等好几个人的传记里，其中着墨最多的是《周瑜传》：

时曹公军众已有疾病，初一交战，公军败退，引次江北。瑜等在南岸。瑜部将黄盖曰："今寇众我寡，难与持久。然观操军船舰首尾相接，可烧而走也。"……

后来《资治通鉴》也采用了陈寿的上述说法。显然，正经的史学家都认为，赤壁之战孙刘联军大获全胜的原因有两个：

一个是间接原因——曹操虽然兵力占优，但军中已开始流行瘟疫，战斗力比较捉急；另一个则是直接原因——周瑜的部将黄盖吐血奉献了"火攻"方案，一下打中了曹操这种北方旱鸭子的七寸。

无疑，黄盖这个被《三国演义》虐烂了屁屁的小角色，才是整个赤壁大战最重要的推手。他显然对赤壁一带历年冬至前后的气象变化了如指掌，知道大概在哪几天风向会从西北风转变为东南风，从而为火烧江北曹军创造出绝佳的战机。

否则他为什么要建议火攻呢？就不怕赌错了风向玩火自焚吗？

所以说，中国古代具备天气预报能力的人虽然肯定不少，但用这项技能打赢了三分天下关键一战的黄盖，却是整条街最靓的仔，没有之一。

—

当然，如你所知，《三国演义》把这功劳送给了诸葛亮，讲了一个奇幻的故事：

说周瑜万事俱备，只欠东风，奈何当时已是农历十一月中下旬，都到了冬至时节，而赤壁江面这时候只刮西北风，放不得火。周瑜那个急啊，居然口喷鲜血晕死过去了。关键时刻诸葛亮跳出来了：我能为大都督借来三天三夜的东南风，只需在南屏山上筑一座七星坛，我要作法。

这座七星坛，方圆二十四丈，分三层，每一层高三尺，共是九尺。底下一层插二十八宿旗，第二层周围插满六十四面黄旗，按六十四卦，分八位而立。最上面一层四角各站一人：前左立一人，手执长竿，竿尖上用鸡羽为葆，以招风信；前右立一人，手执长竿，竿上系七星号带，以表风色；后左立一人，捧宝剑；后右立一人，捧香炉。

坛下还有二十四人，各执法器，围定四周。孔明同学便在这么一个神神叨叨的场景里，沐浴斋戒，身披道衣，跣足散发，念念有词，向天再借五百元。

看起来好厉害的样子，孔明心里却在偷笑：你们都以为我在念咒语，其实我念的只是长江中游历年气象数据而已，都是本宝宝隐居卧龙岗十几年来每天坚持观测记录下来的。根据我的数据模型分析，不管老天给不给面子，东风是一定会来的。

亲爱的大都督啊，哪有什么岁月静好，不过是有人在为你负重前行。欧耶。

东南风在诸葛亮约定的时间如期而至，赤壁大战胜负已定。这时候周瑜的第一反应不是开心，而是恐惧：

此人有夺天地造化之法、鬼神不测之术！若留此人，乃东吴祸根也！

周瑜动了杀机，一方面源于对诸葛亮的嫉妒，另一方面却也是实打实的害怕，因为七星坛的构造让他联想丰富——

什么叫二十八宿？上古时代的先贤们从“天圆地方”的理念出发，把地球上方的苍穹看成了一个天球，而太阳移动的路线与这个天球相交形成的一个大圆就被称为“黄道”；沿着黄道排列的那一圈群星，则被分为了二十八个区域，称为“二十八星宿”，构成了中国古人最基本的天文观。

二十八宿按方位又被分成了四组，分别称为左青龙、右白虎、上朱雀、下玄武。这又丰富完善了我们的方位概念，只不过跟今天的地图方向正好相反——青龙乃东方之神，朱雀乃南方之神，白虎主西方，玄武主北方，所以画到图上的话，就是左东右西、上南下北。

这样一个看似颠倒的方位，正是伏羲八卦图的要义所在：

乾卦在上，正南方位，代表天；坤卦在下，正北方位，代表地；离卦在左，正东方位，代表太阳；坎卦在右，正西方位，代表月亮。乾坤离坎，就是天地日月，这四点定好了位，便有了地球上的世界。

左上角是兑卦，东南方位，代表“泽”，也就是水；右下角是艮卦，西北方位，代表山。两者成一条对角线，寓意“山泽通气”，构成了水循环。

右上角是巽卦，西南方位，代表风；左下角是震卦，东北方位，代表雷。这两者也成一条对角线，寓意“雷风相薄”，构成了大气环流。

这就是所谓的“先天八卦”，一张图就把世界的运行体系给交代清楚了。后来周文王又推演出了“后天八卦”，每卦分三爻，由此产生了二十四节气，构成了中国古代农耕文明的天文、气象理论依据。

在现代科学领域里，天文与气象是两门独立的学科。然而在古代中国，它们却是密不可分的一回事。

总之，八卦与二十八星宿紧密相连，息息相通，撑起了中国古人的世界观。在周瑜这种精英人士心目中，这是一个神圣得不容置疑更不容篡改的精神家园。你坐在二十八宿与八卦图垒成的七星坛上跟老天对话，只能虔诚祈求，而不能奢望回报，因为老天早把一切都安排好了，还都是最好的安排。

结果你居然得逞了，让冬至的长江江面上史无前例地刮起了东南风，这就叫颠倒了八卦乾坤，篡改了天地造化。

布鲁诺不过说了句“地球绕着太阳转”都被烧死了，你诸葛亮的行为比他简直要恶劣一百倍。你说你该不该杀？

—

黄盖也好，诸葛亮也罢，他们这种吓人的气象预测能力，正好说明了古代中国科技演进的一个重要特征：技术流。

这是什么意思呢？

他们并不知道风云雷电、雨雪霜露都是大气对流的产物，可偏就能依靠实践积累和智商加持，准确捕捉到大气运动规律，并且运用自如。好比一个优秀的修车工，他不需要懂得汽车是怎样制造出来的，可只要一听马达声他就知道，眼前这台车哪儿出了毛病、要怎样去修理它。

再比方说星宿与八卦。

从西汉的落下闳到东汉的张衡，他们其实跟绝大多数古人一样，是相信“浑天说”的——天就像一个鸡蛋，蛋壳里充满了蛋液，也就是日月星辰，而大地就像蛋黄一样悬在正中；我们看到的天幕变化，不过是太阳月亮和星星一圈圈地围绕大地在旋转而已。

这显然与宇宙的真相不符。不过无妨，落下闳和张衡接力制造出来的浑天仪，仍能精确地显示天象变化，从而为二十四节气的农事安排提供科学依据。而遥远如伏羲和周文王，他们在原始得无法想象的环境里创制出来的两代八卦图，居然也能与浑天仪这种科学仪器配合使用，照应着天地四时的运行规律。

上下五千年的农耕文明于是有了扎根之处，开出了无数鲜花、结出了无数硕果。

古代中国天文观测的巅峰时刻，出现在元世祖忽必烈任期内。这个雄才大略的蒙古皇帝在北至西伯利亚、南到南海黄岩岛的辽阔疆域内设立了 27 个观测点，派许衡、郭守敬等天文学家分赴各地，用圭表等传统日影观测手段采集到了海量的日月运行数据，最后得出了一个结论：

一个回归年的长度为 365.2425 天。

这就是著名的“四海测验”，它测出的结果比近代观测值只差了 25.92 秒，精度与我们现在广泛使用的格里高利历相当，而后者却比它晚生了三百多年。在此基础上，元世祖颁行了《授时历》，空前精准地厘清了二十四节气，使得元明两朝的农业生产呈现出了新的气象。

都这么牛了，“四海测验”的理论基础仍然是太阳在动，而不是地球在动。

你看，没有科学理论，只有技术实践；知其然，不知其所以然，总之一切都为“农耕”这一王朝立国之本服务。在这样一条蒙眼狂奔的大道上，我们长期奔得比谁都爽、玩得比谁都溜。古代中国一项项伟大的发明、一个个伟大的发明家，都是这么来的。

布鲁诺遭火刑的时间是公元 1600 年，中国的明朝万历二十八年。在此之前十多年，一个名叫利玛窦的意大利传教士来到了中国定居。他在日记中写下了这样一句话：

“（中国人）医学、自然科学、数学、天文学都十分精通……（但是）

在中国人之间，科学不大成为研究对象。”

一

如果把公元1600年作为一个大致的时间坐标，你会发现一个有意思的现象：

在此之前，古代中国的技术流已经玩到了顶峰。我们有了四大发明，测出了高度精准的地球公转周期，郑和的舰队还横穿了印度洋，再往前走的话没准儿就能发现天不圆、地才圆的真相了。然后，利玛窦又为我们带来了《几何原本》和一幅相当准确的世界地图，并得到了徐光启这种高级官员的认同和支持。

我们眼看就要从量变引发质变、直奔科学理论而去了。如果真是这样，中国近四百年来的历史就会被彻底改写。

然而并没有。仅仅四十多年后，明亡清兴，开启了将近三百年的又一轮王朝循环，而清朝的思想控制力度和烈度又远超明朝中后期。所以你才能看到如此奇葩的一幕：

明朝万历年间就有很多人看过世界地图了，可二百多年后的清朝道光年间，满朝文武就算已经被英国人揍得鼻青脸肿了，还坚持认为天朝在世界中央、英吉利只是西边的蛮夷。

得，利玛窦、徐光启这些先贤，全白忙活了。

同样在公元1600年这个坐标之前，欧洲中世纪的黑暗却成了强弩之末。文艺复兴和宗教改革运动释放出来的新思想、新力量，在与教会的殊死博弈中总是被残酷打压的弱势一方，可就在布鲁诺被烧死之后，攻守之势开始逆转。

崇祯皇帝吊死煤山的前一年，公元1643年，伟大的牛顿诞生了。在他之前，麦哲伦用环球之旅证明了地球是圆的，伽利略用科学实验证明了一系列物理规律，哥白尼提出了日心说，布鲁诺则进一步提出了宇宙没有中心说……

牛顿就站在这些巨人的肩膀上，用万有引力定律和三大定律揭示了物质世界的普遍规律，从而掀起了人类历史上首次科学革命，为18世纪的工业革命奠定了基础。

中国和欧洲就像两根曲线，一根从高向低、一根由低向高，在17世纪初这个点上交叉，然后沿着各自的轨迹继续延伸，高下互换、强弱易势，终成天壤之别。

由科学催生出的工业革命让欧洲走出了黑暗，站到了世界之巅。检验这场革命成果的最好参照，就是近代中国的灾难。

—

辛亥革命结束了绵延两千多年的封建帝制，让中国从形式上跟国际接了轨，却并没有解决中国的出路问题。

想要国家重现汉唐盛世，我们除了推翻皇帝之外，还需要些什么呢？这个问题早在革命爆发前就引发了知识阶层的广泛思索，到五四时期有了明确的答案：德先生和赛先生。

大家都知道，这两位外国先生一位叫民主，一位叫科学。要把他俩请进中国来，就非得有大批的中国年轻人走出去认识他们、迎接他们不可。

在20世纪头二十年的留美、留欧、留日热潮中，不管是以大清国还是中华民国名义派遣出去的留学生，最初的求学目的都是科学救国。带着这样的初心，1914年，美国康奈尔大学的几个中国留学生组建了一个名叫“中国科学社”的社团，出版了一本名叫《科学》的期刊。这个民间社团在1949年以前，发展成为了中国最权威的科学事业领导机构。

中国科学社成立后的第二年，一个哈佛大学地学系的中国留学生加入了进来，很快成了骨干成员。这个人名叫竺可桢，中国近现代地理学和气象学的奠基者。

竺可桢生于1890年，考取庚款公费留美时大清还没有亡。他深知农业对中国的意义，于是怀揣强烈的使命感进了伊利诺大学农学院。几年后学成，他的想法变了，认为中国的农业要想摆脱靠天吃饭的宿命，就非得研究天气不可。于是他又考入了哈佛大学，攻读气象学硕士。

竺可桢生于浙江绍兴。在他出生大约两年后，千里之外的重庆江北县石坝乡（今北碚区偏岩镇），一个名叫唐建章的男孩也呱呱坠地了。

—

与出身小商人家庭的学霸竺可桢不同，唐建章是个典型的富二代，家里有矿。这不是开玩笑——北碚一带蕴藏着丰富的二叠纪煤层，已探明储量长期冠绝全川，著名的天府煤矿从清末就开始采掘运营了。唐家是偏岩镇上的世族大家，也是数一数二的矿主，这就为似乎并不具备学霸潜质的唐建章提供了更多样的人生选择。

不过他还是选择了读书。大约在1910—1912年间，他考上了京师大学堂。这所由光绪皇帝创办的学堂在1912年的5月改了名字，叫做国立北京大学。重庆小伙唐建章因此成了北大最早的一批学生之一。

不知何故，唐建章很快中止了在北大的学业。大约在1912年下半年，他以北大肄业生的身份赴美留学，进入了康奈尔大学电机科读本科。

显然，一个肄业生是很难获得公派留学资格的，所以唐建章的留学之路很可能是自费。不过这不是重点，重点是他所选择的学校和专业——

康奈尔大学，不是克莱登大学。这所学校从1865年创办起就是全美顶级私立大学，2020年都仍稳居世界大学排名前二十以内。这样一所爱惜羽毛重于泰山的名校，即便是招收自费留学生，恐怕也不会放任那些以镀金为目的的中国混子顺利毕业的。

前面提到过，1914 年，有几个康奈尔大学的中国留学生创办了“中国科学社”，其中有两个很有名。一个叫任鸿隽，重庆垫江人，后来当过四川大学校长，在化学、物理、生物、教育乃至文学等领域都有建树，堪称中国近代科学奠基人之一；另一个叫杨铨，学成归国后成了中国管理科学先驱、中国民权保障同盟发起人，后来被国民党特务暗杀，鲁迅那首“何期泪洒江南雨，又为斯民哭健儿”，就是哭的他。

选择这样一所大学，与这样一群上进青年为伍，似乎可以说明唐建章的某种价值取向。

还有那个电机专业。它应该叫作电动设备与机械专业，涵盖了从电灯、电话这种基础民用设施到重工业制造等诸多领域，这在当时的中国几乎全是空白。科学必须以实业的形式落地，才能惠及国家与民众。所以说，唐建章的专业选择其实代表了当时中国知识阶层广泛认同的一条救国道路：实业救国。

王朝覆灭，民国虚弱，列强欺凌，军阀混战。在 20 世纪前二十年的新旧交替大变局中，中国的有识之士们设想并实践着种种救国方案，例如革命救国、科学救国、实业救国、教育救国，并以此划分出了不同的流派，每个流派都涌现出了赫赫有名的代表人物，深刻影响着当时乃至今日的中国。

很遗憾，重庆江北县人唐建章最终没有成为这样的大人物，有关他的史料少得可怜。不过，就凭这少得可怜的史料，我们能够确定一件事——

这个人谈不上有什么学术成就，却在“科学 + 实业救国”这条路上默默地做了很多小事；这些小事加起来并不足以影响中国，却足以影响江北县里一个小小的地方——江北城。

在江北城宝盖山明玉珍睿陵的旁边，一处叫做“天灯台”的江边小高地上，至今矗立着一座名叫“测候亭”的建筑。所谓“测候”，就是观测气候，用今天的话说，就叫气象观测站。

对，这就是唐建章建的。

—

一个学机电的理科男，为什么会对气象产生感觉？这种感觉源于何处？

唯一的线索是：大约在1916年的时候，唐建章从康奈尔大学电机专业本科毕业，考入了哈佛大学机械专修科攻读硕士；而就在这一年，竺可桢同学已经拿下了哈佛大学气象学硕士学位，开始攻读本校的气象学博士。

对，唐建章和竺可桢成了哈佛同学。

没有史料表明这两个人在哈佛校园内有过交集，我们不知道他们是否成为了朋友、是否热烈讨论过彼此的专业、是否一起畅想过回国报效之路该怎样展开。我们唯一知道的是，1918年的秋季，两人一个揣着哈佛气象博士文凭、一个揣着哈佛机械硕士文凭，几乎同时学成归国了。

竺可桢去了武昌高等师范学校，主讲地理和天文气象课。后来他又去了南京高等师范学校任教，在这所学校改建为东南大学后，成了该校地学系主任。再后来，他还当了十多年的浙江大学校长，在教育和地理气象科学的研究之路上，一直走到了人生尽头。

1928年，竺可桢应中央研究院院长蔡元培之聘，在南京北极阁筹建了中国第一个气象研究所。他终于有条件去实施一个雄心勃勃的计划了：就像元世祖忽必烈做“四海测验”一样，在中国的辽阔疆域内铺设一张气象观测的大网，从而实现准确有效的全国性气象预报，让数千年来恩威难测的老天不再有秘密可言，乖乖地为中国的民众服务。

这项工作需要耗费巨大的人力和财力，在全国各地广设气象观测点，那时候都叫测候所。从1929年到1936年这八年间，竺可桢在全国建立了40多个测候所和100多个雨量观测站，最远的设到了拉萨。1932年8月，他把其中一个测候所设在了四川峨眉山的千佛顶上。

然而这并不是四川第一个官办测候所。因为就在七个月前，重庆江北城的天灯台上就已经有了一个当地政府自办的测候所，名叫“江北县建设局测候所”。对，就是前面提到过的那个“测候亭”，它的职责是观测江北的天气、服务江北的民众。它的建造者唐建章，竺可桢的哈佛同学，就是当时的江北县建设局局长。

—

唐局长刚回国的时候并没有当局长，而是跟竺可桢一样进入了教育行业，当上了一所“川东工业学校”的校长。从这个校名不难推断，他当时的想法显然是想培养职业技术人才，用“教育救国”来实现“实业救国”。

可惜这条路走起来过于艰难，因为四川的军阀混战全国闻名，主政者如走马灯一般在换，没人能为教育事业提供长期稳定的保障。教育是个长线公益项目，如果你自己手上没钱没权，就不能奢望太多。

于是几年后，唐校长就回自家的矿上做实业去了。他瞄准了一个必须打破的实业瓶颈——交通。北碚天府煤矿地处深山，开采出的煤炭只能肩挑背扛几十里山路，才能运到嘉陵江边装船，效率实在太低。要改变这种状况，就必须修建一条运煤铁路，从山里直达江边。

这条铁路将要跨越江北（北碚）和合川，所以被命名为北川铁路。1925年，唐建章牵头成立了北川铁路公司，开始动手修路。不过很快他就发现这事似乎超出了自己的能力范围：无论是线路勘测、设计施工、资金筹集还是征地拆迁，全是跟人较劲的活儿，几乎都是他搞不定的。

铁路是一定要建的，必须找到一个比他更剽悍的人来主事。

1927年，四川的话事人刘湘任命了一个合川人来当江（北）巴（县）璧（山）合（川）峡防局局长。这峡防局是个什么鬼？

当时盛产煤炭的北碚并不是一个行政区划，而是上述四个县的交界地带，嘉陵江小三峡纵贯境内，多年来匪患严重。所以官方便设了一个峡防局，统合了地方行政管理和军事警备的双重功能，谁当了这个局长，谁就有权有枪，就是北碚一带的老大。

刘湘请来的这位局长，名叫卢作孚。他不仅有权有枪，还有钱——两年前他就创办了民生轮船公司，旗下的船队已经奔驰在了川江和嘉陵江航线上，摩拳擦掌地要跟洋人的航运公司叫板。

唐建章认定卢局长就是北川铁路的救星，所以力邀他来当这个项目的舵把子。卢作孚欣然出资八万大洋入股，成立了“北川民营铁路股份有限公司”，仍请唐建章当名义上的主事人。

有了民生公司背书，加上公开募股，再加上卢作孚从上海请来的丹麦铁路工程师守尔慈，兵强马壮的北川铁路公司花了五年时间，修通了一条16.8公里长的货运铁路，实现了唐建章当初的梦想。

四川曾在清末规划过一条川汉铁路，刚开工就惹出了一场保路运动，直接引爆了武昌起义，然后这条铁路就没了动静。于是卢作孚、唐建章修通的这条运煤小铁路，就成了四川事实上的首条铁路。在随后的抗战岁月中，这条铁路依靠每天两千吨左右的货运量，为大后方的抗战事业作出了不小的贡献。

这当然也叫实业救国。

—

卢作孚比唐建章小一岁，并没有留洋经历。早年他参加过同盟会，想要革命救国，不过很快就改变了主意，打算教育救国。于是他投奔四川军阀杨森，在后者支持下先后创办了泸州川南师范学校和成都民众通俗教育馆。

可惜杨森被刘湘打败了，卢作孚的教育救国之路走着走着就被釜底抽薪，难以为继。这时他的想法跟唐建章是一样的：自己有钱有权才能谈教育，所以还是得实业救国。

于是就有了民生公司。接着又有了峡防大权。卢作孚迅速展现出了宏大的格局：他把整个北碚当作了一个“乡村建设实验区”，用民生公司和北川铁路的收益提供财政保障，用峡防局的枪杆子提供治安、消防等公共服务，用煤矿及其相关产业提供能源、就业、培训等等更多的公共服务。

一个良性循环的地方生态形成了。北碚建起了漂亮洋气而规划科学的社区与街道，逐步普及了电灯、电话，图书馆、博物馆、市政公园等公共文化设施也相继落成，人们生活安定、就业方便，物质与精神文明双丰收，构成了20世纪二三十年代中国境内的一道独特风景。

用卢作孚的话讲，这叫作“为小至乡村、大至国家提供一个经营参考”。

不知道卢作孚的这种大格局，是否触发了唐建章的某种思考。反正在1927年这一年，当北川铁路这个烫手山芋被交到了卢作孚手上后，他又有了一个新的身份：江北县建设局局长。

那时候的建设局跟现在不同，规划、城建只是它诸多职能中的一项，它还得负责市政、工商、通信、电力、水利、矿产、农业等等，总之政府的几乎所有公共服务职能都归它管。在今天看来，上述每一项职能似乎都需要单独成立一个局来干。

可在1927年的江北县，唐建章一个人就管完了，连个副局长都没有。他手下只有四个科，分别叫作总务、工商、农矿、公用科，每个科只有一个科长、一两个科员，再加上若干技术员和办事员，齐了。

唐局长还兼任了公用科科长一职。这个科的活儿是最繁杂的。唐建章在大约八年的任期内做了无数杂事，归纳起来有三个肉眼可见的成果：

第一，初步建起了一个乡村电话网络；第二，建成了一个江北公园，地点在江北城；第三，建成了一个测候所，也在江北城。

—

格局、能力、资源都不如卢作孚，唐建章却并不嫉妒，反而找准了自己的定位——既然不能独当一面去经营好一个地区，那就缩小范围，经营好一个地区的某一项事业、某一个项目，把自己硕士工程师的专业特长发挥到极致。

于是在江北公园这个项目上，唐建章不但是建设局长、业主单位代表，还担纲了设计师和施工队长，亲手绘制了设计图纸、亲自去工地上组织施工，几乎靠一人之力建成了这个占地近五十亩、堪称当时重庆最豪华的市民公园。

更能体现他科学实践风格的，是随后出现在公园内的测候所。

唐建章居然抢在竺可桢之前建成了四川第一个政府测候所，这波神操作的缘由虽然很难解释，但下面这段他亲笔撰写的文案，却足以让人窥见其初心与决心：

> “吾辈居气圈之底，优游生息，日餐大气而不自知，是犹鱼之相忘于江河也。寒暑燥湿，无不与吾人生活有关。至若雨量之记载、气候之预测，尤为预防农事及交通上各种灾害不可少之参考资料。故欧西各国，对气候之变迁，无不有长时间之记载……”

气象学是一门高大上的科学，但在具体的操作上，它仍需要研究者跟黄盖、诸葛亮等古人一样，老老实实、经年累月地观察、记录、分析、汇总，求得长期的规律，方能实现短期的预测。

再说说观测仪器。中国古人的手段五花八门，例如用土和炭在天平上配平，如果空气干燥，则土里的水分挥发，就会变轻；一旦湿度加重，炭吸到水分自然就会变重。只要平衡被打破，就能预测未来是雨是晴。

到了唐建章这里，当然需要现代科学加持了。于是他从上海采购了很多东西，清单如下：

水银柱气压表、干湿球湿度表、最高和最低温度表、日照计、雨量器、风向风速计、空盒气压表、毛发湿度表，以及若干自记气压表、温度表、湿度表等，共值大洋一千多元。

要知道整个测候所的建筑经费才花了一千多大洋。所以说小小的江北城测候亭，一开张就是奔着高标准而去的，比竺可桢设立的不少国家级观测点还要洋气。

唐建章没学过气象学。但他显然知道，做这件事对这个国家很重要。

—

民国二十一年，公元1932年1月，测候所在江北公园里的天灯台落成了。这是一座八角亭造型的建筑，所以又叫“测候亭”。观测站就设在亭子里，室内面积不足20平方米。即便算上亭子外的附属建筑，占地面积也不过一亩三分地。

测候亭的建筑完整地保存了下来。2009年，随着江北嘴CBD的建设施工，江北区文保部门对它进行了保护性整修，完美复原了近九十年前的原貌。

今天去参观游览测候亭，应该是一趟轻松而雅致的休闲之旅，因为整个建筑的体量虽然不大，却是一座独门独户的小院子，青砖黑瓦，竹篱作墙，处处流淌着传统文化与现代科学水乳交融之后的味道。你徜徉其中所享受到的，绝不只是闹市里难得的一片清静，还有一种“我思故我在”的精神快感。

因为气象这东西，实在是古今中外文明碰撞交织出来的绝妙题材，哪怕一个最不起眼的细节，都藏着一个饶有趣味的说法，烧脑得很。

比方说院子大门的门楣上，刻有四个大字：江城如画。唐建章当年建测候亭的时候，为什么会想到这四个字呢？原来典出李白《秋登宣城谢朓北楼》：

江城如画里，山晚望晴空……谁念北楼上，临风怀谢公？

“江城”二字与江北城算是无缝对接，而一个“望”字，恰好挑明了一个气象观测员的基本功：你不仰望晴空，怎么会知道下不下雨呢？

李白这首登楼怀古诗落脚在他终生景仰的前辈谢朓身上。而现代气象科学是一门极其讲究历史数据的科学，离不开古代先贤们的求索与积累。这样一看，简直没有比这四个字更合适的门楣了。

再比方说，院门外立着的那个巨大的日晷（guǐ）。大家都知道，这是古代的计时工具：石质的圆盘与地球赤道平行、南高北低倾斜固定在地台上，圆盘就像表盘一样刻上了一圈刻度，盘心伸出一根指针，对着北极方向。随着一天中太阳方位的变化，指针的影子呈顺时针转动，落在不同的刻度上，就意味着不同的时辰到来。

成语“立竿见影”，就是这个意思。前面提到的元代“四海测验”，各个观测点所用的基本手段，就是用圭表来精确测量日影的长度，最终确定冬至及其后的二十四节气。立在地上的杆子叫“表”，垂直于“表”并指向北极的地面尺度就叫“圭”。显然，这是日晷的另一种展现形式。

那么，测候亭院子外这具日晷是从哪儿来的呢？2009 年整修时从测候亭地底下发掘出来的，清代中期文物。这意思就是，测候亭所在的这个名叫“天灯台”的小高地，至少在清代中期时，就很有可能已经是一处观天测验点了。

1932 年唐建章建这座测候亭时，可能知道，也可能并不知道地下埋着一具古老的日晷。总之他一下就站到了古人的肩膀上，有如神助。

二

院子里也布设了很多从前没有的东西。比方说富有文创特色的各种天气符号，以及镌刻在地砖上的各种天气谚语。穿梭其中，你很容易把这里看作一个气象博物馆。

然而博物馆里最重要的部分，仍然是那个飞檐翘角的观测亭。因为这个占地面积不到20平方米的亭子，最忠实于原貌。

观测亭条石台基的正面，刻有一幅巨大的先天八卦图，1932年落成的时候就刻在那儿了。粗看之下，你不会觉得它有什么异常，可要是再看仔细点，你就会发现它是一幅罕见的“倒八卦”——

乾上，坤下，离左，坎右，这天地日月、四点定位跟正常八卦一样，没有问题。可是左上角不是兑卦，变成了巽卦；右上角也不是巽卦，而变成了兑卦。左右互换了。

同样，左下角的震卦和右下角的艮卦也互换了位置。这意味着什么呢？这意味着“山泽”和“风雷”都改变了原有的方位，被绕着中轴线给旋转了180°。

无法揣测唐建章当初这么做的动机是什么。比较符合逻辑的解释是：他大概认为，天地日月是没法用人力去掌控的，而“山泽”所代表的地表水循环，以及“风雷”所代表的大气环流却不是这样；只要掌握了科学的方法，就可以做到天遂人愿。

如果这个推论成立，那么唐建章这个不幸湮没在竺可桢、卢作孚等巨人阴影里的小人物，眨眼就会呈现出另一番气象一新的格局。这格局曾令谈笑间樯橹灰飞烟灭的周瑜闻之胆寒：

夺天地造化之法，鬼神不测之术。

事实似乎印证着一个推测：唐建章这个接受过世界顶尖大学教育的机械工程师，不但狂热地崇拜着现代科学，也同样狂热地崇拜着中国传统文化。在他的潜意识里，传统也是一门科学，只要它能与真正的科学息息相通。

如果“倒八卦”还不足以让你深刻体会到这一点，那么当你走进观测亭内部、看到头顶上那个精致的“藻井”后，想必感觉会更为强烈。

所谓藻井，是中国古代建筑里呈穹隆状的吊顶装饰，一般只会用在寺庙主神头顶或者帝王龙椅正上方，寓意“受命于天”“天人相通”。不过，唐建章在狭小逼仄的观测室内“僭越”了一把。他做的这个藻井，从观测室正上方一直往上延伸近两米，直通亭子的顶部，不懂的人乍一看到，可能会以为是一个大号的烟道。

他为什么要这么做？答案很简单——

皇帝和菩萨算什么，气象观测员才是世上最懂天意的人。

一

江北城这座测候亭是1931年10月开工建造的，但这一年的6月，唐建章从上海买的那一堆高科技仪器就已到货了，只好暂时安装在局机关里，先用起来再说。

正因为他如此迫不及待，我们今天能看到的江北县（包括今日江北、渝北、北碚）气象观测记录，从1931年7月就开始了，比测候亭的诞生还要早。

测候亭只花了差不多三个月就建成了，常驻的观测员只有一人，当然，很可能是轮班制。我们不知道近九十年前的这一个或几个观测员姓甚名谁，但站在今日复原的观测室内，你不难想象这些人当年的工作场景：

面前是琳琅满目的现代仪器，窗外是两江奔流的大千世界，头顶还有一个深邃通天的藻井，藻井之上的亭子顶部，则是一架永不疲倦的风向标。他们每天都需要做四次（6：00、9：00、14：00、21：00）观测，内容包括气压、温度、湿度、风力、风向、云量、比较湿度、蒸发雨量等等；每次观测完成后，还必须将数据一一分析汇总。

说起来一天才四回，可一回回完整地操作下来，基本上一天就过去了。日复一日，独处斗室，孤独与枯燥真是难以忍受。然而这世上每一个与天对话的人，不都得忍受这两样东西吗？

今天去翻看唐建章留下的江北县建设史料，其中1931年7月—1933年12月这两年半的气象资料绝对是一大亮点——他们观测记录的气象数据不但种类齐全、涵盖了上面说过的所有项目，而且没有漏掉哪怕一天。甚至连表达方式都是如此的丰富——文字、表格、柱状图，一应俱全；逐日、平均、趋势分析，应有尽有。

你想知道1933年的江北跟今天的江北相比，天气会不会更温柔一点？唐建章告诉你：不存在的，那一年8月出现了40.7℃的单日最高气温，而重庆人那会儿并没有空调这种黑科技，所以2020年的小伙伴们，珍惜眼前吧……

一个实业救国者的情怀，深埋在高冷的数字里。不懂他的人，永远看不到。

一

测候亭只留下了上面说那两年半的翔实记录，后面的相关资料，很可能都已散失在了历史深处。据说抗战期间它都还在运行，为重庆人愈炸愈强的生活竭尽了所能。

抗战胜利后，测候亭的独立工作轨迹就再难寻觅了。没人知道观测室内的那些人、那些仪器去了哪里，只留下那座空壳似的亭子，倔强地挺立到了今天。

唐建章在1935年后卸任江北县建设局长一职，不知所终。他又一次出现在人们的视野里，是在1940年左右。这时候他已回到了老家偏岩古镇，没有担任什么职务，看起来很闲的样子。不过他是闲不住的——

流经古镇中央的黑水滩河每逢夏季便会暴发山洪，镇上居民多有溺死者，地方上一筹莫展。唐建章站出来发话说，只有建立天气预报系统，才能准确得知山洪抵达时间；而搞这个我老唐是行家里手，不信你们去江北城打听打听……

接下来的事就简单了。唐建章自掏腰包，又买了一套观测仪器，还聘请了两个大学生来操作。每日气象观测的结果，他都会叫人写在古镇槐荫桥头的一块小黑板上，久而久之，这黑板报就成了古镇人每天都要看一看的天气预报。

今天，偏岩镇槐荫桥头的那块小黑板早已不见了，取而代之的是一块LED屏，每天滚动显示着当地最新天气预报。外来的游客们看到了，会有一种看稀奇的感觉。只有当地的老人们才知道，那其实是在向一位前辈先贤致敬。

黑板报之后，唐建章再度消失在了史料中。据说他的离世时间是1951年，如果属实，那么他在人世间只度过了59年。很凑巧，他当年极为推崇、一力引入北川铁路项目的能人卢作孚，生于1893年，逝于1952年，也是只活了59岁。

两位惺惺相惜的好汉，都是只差一步就能走完一个甲子的人生旅途。

不过也没什么。1927年两人相遇的时候，唐建章35岁，卢作孚34岁，用今天的标准看，都是羽扇纶巾、雄姿英发的少年郎，人生最重要的时光都才刚刚开始。他们用不同的方式把握住了这个机会，写出了各美其美的人生篇章。这就够了。

卢作孚在北碚施展乡村建设抱负的时候，曾组建了一支“少年义勇队”，平时建设家乡，战时上阵杀敌。他还请人写了一首队歌，寄托了对少年们无限的期望。

这首歌，其实也很契合他和唐建章这种人的气象的：

争先复争先，争上山之巅。上有金碧之云天，下有锦绣之田园，中有五千余年神明华胄之少年。

嗟我少年不发奋，何以卫此美丽之山川？嗟我少年不发奋，何以卫此锦绣之田园？何以卫我创业之先贤？

大风
雾
大风
雾
露
多云
大风
雾
露

第九章

盘溪风月画人家

——大石坝——

石家花园徐悲鸿故居

一

嘉陵江流进渝中半岛地界时，好像知道不远处就是长江温暖的怀抱、知道自己长达两千八百里壮阔的旅程就要结束。是时候献上最后一幕柔情了。

于是它抖擞精神，轻启朱唇，张口一吐，便在江南造出了一个千年古镇，叫作磁器口；又在江北造出了一处岸边高坡，叫作盘溪。

磁器口背后二三里外，就是重庆大学老校区。这所建于 1929 年的著名大学，曾在抗战时期腾出专门楼舍，接纳过另一所著名的大学——国立中央大学。

与重大隔江相望的盘溪山顶，则有一座古色古香的大宅院，叫作石家花园。它建于 1930 年，是当时重庆商界名流石荣廷的私家别墅。独踞山巅，坐北朝南，八面来风，180° 无敌江景尽收眼底，是一处难得的风水宝宅。

岁月和着嘉陵江水，悠悠淌过九十年。江南的重大，江北的石家花园，仍像当初少年时，盈盈一水间，相看两不厌。

二

今天，你若想来一次有意思的重庆主城一日游，不妨考虑一下重庆大学（老校区）—石家花园这条线路。两点一线，横跨嘉陵江，就像一个最普通的重庆上班族每天都要走的那条路一样，简单。

假设一下——你在重庆大学上班，可你住在对岸的石家花园。于是每天清晨，你就要从盘溪那高高的小山顶上出发，沿着狭窄蜿蜒的青石板路一直往下，走到嘉陵江边的石门渡口，去赶早班轮渡。

当然，今天已经没有轮渡了，你要去对岸上班的话可以开车出门，数百米后就能拐上石门大桥。若不堵车，几分钟就能踏上沙坪坝的土地，再过几分钟就能进入重大校门。

可倒退 70 多年，在 1943 年这么一个古早的年份，嘉陵江上并没有石门大桥，你若是一个住在石家花园的重大老师，就只能去赶轮渡。

那年头的轮渡，船舱逼仄，马力吃紧，“突突突”地嘶吼上半小时，才能靠上对岸磁器口码头。你跳下船来，眼前又是一道狭窄蜿蜒的青石板路，在陡峭的山坡上铺出一条通天石梯，叫人心虚腿软。

那时候的磁器口，还没有接通自来水，家家户户每天早晨的必修课，就是到江边挑水。于是，身着布袍、脚穿草鞋或打着赤脚的男男女女，肩上挑着同样的两个水桶，川流不息地穿梭在百丈梯坎上，构成了江边一道独特的风景。

你快步穿过这风景，穿过磁器口幽深的小巷，气喘吁吁走进了重大的校门，开始了这一天辛苦的工作。

上完最后一节课，天色将晚，你就得原路返回，在江北这边的码头下船，沿着同样通天的石梯坎一步步爬回石家花园。快到山顶的时候，你会看到路旁岩壁上那幅精美的石虎雕像——

左首一只大虎，身长背阔，须毛戟张，本来相当威风。可它扭向右首的那张虎脸，却硬是从威严中挤出了满满温柔，竟有些滑稽。因为右首还有一只小虎，虽然尽力模仿着老爸的猛虎下山之势，却难掩一股机灵捣蛋鬼的稚气。

虎，是远古巴人的图腾，象征着勇武与不屈。在上世纪 30 年代，石荣廷这么一个生意人，为什么会想到要在山间岩壁刻上这样一个场景呢？那时候还没有《狮子王》，那这个生意人又是从哪儿来的灵感，想到用百兽之王这种极致刚硬的意象，来表达舐犊情深这样绵软居家的概念呢？

答案是鲁迅的一首诗，作于 1931 年：

无情未必真豪杰，怜子如何不丈夫？知否兴风狂啸者，回眸时看小於菟（wū tú）。

兴风狂啸者，於菟者，虎也。世间再牛的人，也会热爱自己的孩子，也会向往一个家，对吧？

盘溪石虎浮雕至今留存在原地。它的最大意义，就是告诉你家在何处。再努把力，爬上眼前这道山梁，就是整个盘溪的制高点，那里就是石家花园，你的家。

不要停，不要喘息，推开门，走进院子里去。昏黄却温润的灯光铺满每个角落，你想要怎样的顺遂幸福，它都会给你。

一

夕阳就要落山，晚霞金灿灿的。你站在这院子里，就像一个电影里的时空穿梭者那样慌乱无措。因为刚才说过，你要假设自己是从 2020 年穿越去了 1943 年，一切都很陌生。

所以你就得眼睁睁地看着石家花园周围那些高楼大厦，就像黑板上的粉笔画那样被黑板刷飞快地抹去。同时被抹去的还有天空中那些电线，还有山脚下嘉陵江中一座又一座的大桥，还有山背后那条宽敞的松石大道，以及奔驰其上的车水马龙。

时光飞速倒流，转眼只剩下连绵的山，山间全是农田和阡陌。

这是1943年初春的一个傍晚，庄稼和野花，准备好了在月色里茁壮成长。四周没有人声，入耳的只有远处嘉陵江的轻声呜咽。石家花园里住着的大部分人，都待在屋里忙着各自的事儿。

你正想着下一步何去何从，“吱嘎”一声，主楼的大门被推开了，走出来一个中年男人。

石家花园是一座中西合璧的大宅子，院子很大，还有一座凉亭。以凉亭为界，分为正院和别院两部分。正院里又有主楼和侧楼两幢建筑，都是两层砖混木楼，别院也是差不多的一幢两层小楼。

主楼很有气势，除了地面两层外，地下还有一个庞大的石室，冬暖夏凉，适合贮藏，还能躲空袭。地上的两层房间很多，如果不用于居住的话，很适合用来做办公室和教室。

至于侧楼和别院嘛，当然就可以用来当老师和学生的宿舍了。

没错，这个推门出来的中年男人，就是一个老师。他中等身材，穿着一件深蓝色的旧棉袍。头发浓密，两鬓却已斑白；两眼有神，却无法掩盖松弛的眼袋和黑眼圈。

显然，这个人心事重重，有些未老先衰。

不要试图去安慰他。别忘了你是个穿越者，你能看见 1943 年的他，他却看不到 2020 年的你。他在这个时候走出来，可不是为了散心。

果然，就像事先约好的一样，凉亭外那幢别院的木楼板一阵轻响，走出来一位穿着素雅旗袍的女孩，杏脸桃腮，清新质朴，很美，很年轻。

两人相视一笑，并肩走上了院外那条下山的青石板路。这个时间、这条路线，他俩曾同行过不止一回，不过都是晚饭后一起散步而已。今天这回不一样，男主有话要说了。这些话已经憋了很久，再不说出来，他可能会疯掉。

你运气好，刚穿越回去，就能见证一次浪漫的告白。

“静，”男主开口了。这是他第一次这样称呼女主。

在这之前，他不是叫“小廖”，就是叫“静文”，偶尔也叫“小鬼”。

因为这个叫“廖静文”的女孩才不满20岁，是他手下的图书管理员，下属兼后辈。

女主抬起头，眼神里闪过一丢丢慌乱，转瞬便定下神来凝视着男主，等他说下去。她好像料到了这一幕会发生，早晚罢了。

“这些天来，我有一种奇怪的感觉，仿佛冥冥中有人将你送到我面前。我是如此依恋你了……你似乎变成了我生命中的一部分！”

男主激动起来，伸手便握住了他的静的手，打死也不愿松开。

静的心里小鹿乱撞，脸上的红晕就像江面上倒映的晚霞一样灿烂，嗫嚅着说：“先生！我也情不自禁地依恋着你了……但是，但是……”

她说不下去了。

你在旁边一定很着急是吧？恨不能冲上去吼一嗓子“在一起”，是吧？嗯，看热闹不嫌事儿大的人，都像你这样。你们又不是廖静文本人，怎么会知道她心中的纠结呢？

眼前这个让她纠结万分的老男人，名叫徐悲鸿。

一

这场有些尴尬的告白还在继续：

“但是，你想说什么呢，静？”徐悲鸿急切而又温情脉脉地追问着。

廖静文不说话。她知道这时候如果瞎说大实话，可能会伤到对方。

徐悲鸿叹了口气，放开了手：“静，我替你说吧——但是我不能爱你，不能做你的妻子，对不对？”

“是的，先生，请您原谅我。”廖静文垂下眼睛，垂下了头，无助地盯着地面。

徐悲鸿又叹了口气，失望伤感的情绪如同水墨一般，在空气织就的画布上肆意铺陈。过了好久，他才悠悠地说道：

“为什么要说原谅呢？你是无可指责的。我今年 48 岁了，比你年长了 28 岁，我原不该这样要求你……你生活在我身边，你仿佛努力在医治我心灵上的创伤……”

廖静文哭了，泪珠滴滴坠下。徐悲鸿欲哭无泪：“静，不要为我难过。做你愿做的一切吧！”

两人并肩，默默回到石家花园，在凉亭外分开，各自回房，竟像是一别两宽。

你跟在后面，无力回天。你完全无法理解，这个廖静文明明是期待着对方这一番告白的，为什么还要拒绝呢？年龄差距真有那么重要吗？这样折磨一个阅尽沧桑、受够情伤的老人家，真的好吗？

情路有多难，只有廖静文自己知道。

那一晚她彻夜难眠，只恨老天为什么要让她做选择题。她宁愿回到几个月前的桂林、阳朔，或者从桂林到贵阳再到重庆的漫漫川黔路上。至少在那时候，她还能以一个局外人的姿态，去崇拜、同情甚至怜悯这个世界知名的伟大画家，而无须承担被他爱上所可能带来的风险。

几个月前，1942 年底的桂林，那是多么美的一个地方。天生一副靓嗓的湖南女孩廖静文，正在为如何离开一个让她很不愉快的单位——劳军合唱团而苦恼。正在这时，她在报纸上看到了重庆中国美术学院筹备处招聘一名图书管理员的启事。

世上没有比这个更适合她的职位了。她一分钟都没耽搁地报了名。虽然这时候她还没上过大学，但从托尔斯泰、屠格涅夫、陀思妥耶夫斯基到鲁迅、茅盾、巴金，几大中外名家的著作早就读得烂熟，古诗词也背得很溜。所以在笔试环节，她在几十个报名者里考了个第一，压倒了不少大学生。

很快，筹备处通知她面试了。面试官嘛，就是中国美术学院的院长，徐悲鸿。

整整40年后，1982年，60岁的廖静文把这次面试的细节都写进了书里。与那段晚霞中的告白一样，每个场景、每个动作乃至每句对话，都是她亲笔还原，宛若昨日之事。

—

在廖静文眼里，面试时的徐悲鸿跟告白时的徐悲鸿，毫无差别——穿着一件深蓝色的旧棉袍，虽然脸部轮廓优美，却是两鬓染霜，面容苍白，憔悴得让人心疼。

他心里到底藏着多少忧伤呢？

廖静文初次窥到徐悲鸿内心的秘密，是在入职后的一次集体出游，目的地是阳朔。那时候从桂林去阳朔，水路要走一天半。就在那条似乎永远摇不到尽头的小船上，徐悲鸿无意中说了一句：

“阳朔，我来过不知道多少次了。（最早）那次是1936年。”

1936年，他不是应该在南京的中央大学艺术系教书么？他的家不是也在南京么？家里不是有着一位气质非凡的夫人，名叫蒋碧微么？他们不是还有一对儿女，一家人过着让外人艳羡的美好生活么？

那他千里迢迢跑到阳朔干什么？是带着家人一起来的吗？如果不是，他舍得离开家那么久吗？还离开过不知道多少次？那他跟谁一起来的？难道回回都是一个人？

廖静文很可能没有你这么八卦，因为在她所记载的这次出游往事里，这个话题匆匆结束，没有展开。但她承认，那一刻很好奇，很想知道点儿什么。

后来她全都知道了。她是这样解释的：1936 年，徐悲鸿之所以孤身离开那个看似美满的家跑去了桂林，是因为他和妻子蒋碧微的感情已经彻底破裂，他在那个家里待不下去了，得分居。

—

蒋碧微与徐悲鸿是江苏宜兴老乡。与寒门天才徐悲鸿不同，她出身当地豪门望族，世代书香门第，说什么也跟徐家扯不上关系。

可是 19 岁那年，她在上海偶然结识了 23 岁的文艺青年徐悲鸿。虽然那时候的徐同学窘困潦倒、毫无名气，但一身画家气质却准确撩中了蒋同学的芳心。一来二去，越陷越深，她竟然抛下了已有婚约的未婚夫，置蒋家集体为她蒙羞的风险于不顾，跟徐悲鸿私奔去了日本。

那是 1917 年，徐悲鸿与蒋碧微纠缠近 30 年的婚姻从此开始。

从东京到北京再到巴黎，直到 1927 年回到上海，两人用差不多十年的时间完成了婚后磨合。磨合的结果就是三个字：不合适。

在廖静文的语境里，“不合适”等于三观不合。因为她的悲鸿是一个视艺术为生命、视祖国和人民为亲人的爱国艺术家。为了艺术和祖国，他真敢把自己挣到的每一分钱都豁出去，根本不考虑能否正常活下去。

事实上他在巴黎留学的时候，就因为把大部分收入都拿去购买名画及相关资料，穷得差点连饭都吃不起，还患上了肠痉挛症这种痼疾。

可是蒋碧微不能认同这样的价值观。她热爱艺术，可她也同样热爱优雅、体面、有品质的生活。她完全无法接受徐悲鸿的价值排序，以及根据这种排序过出来的别扭日子。

十年里，两人从巴黎一直吵回了南京，当初私奔时似火的情意终于被消磨殆尽，徐悲鸿渐渐爱上了别人。

这个人叫孙多慈，中央大学艺术系的一个女生。

一

在廖静文的书里，孙多慈是一个面目模糊的存在，语焉不详，你看不出她与老师徐悲鸿之间究竟有没有真的发生过故事。一切是非似乎都是蒋碧微妒火中烧、蓄意造谣惹出来的。

所以在1936年，徐悲鸿才会被迫离家出走，还在阳朔拥有过一套豪华度假屋，李宗仁送的。

可是在蒋碧微的书里，事情不是这样。

蒋碧微这个人，文笔一流，性格也相当open。她并不掩饰自己对精致生活的渴求，也不掩饰自己与一个名叫张道藩的著名人物之间的暧昧情史，甚至连自己冲进中大艺术系教室、刀戳孙多慈的作品并留下威胁性话语这种不堪的细节，也不掩饰。

那又怎样呢？是徐悲鸿有错在先。

谁叫他心里只有他自己，或者说他那该死的艺术，而没有我呢？我只想要一个关心我、体贴我、肯花时间陪我干点我想干的事的老公，这有错吗？我只想要一个不管怎样都不会出轨的老公，这有错吗？

当然没错。不过站在徐悲鸿的角度，也可以这样问：我只想要一个理解我、支持我、肯提供大把的时间和空间让我去干我最想干的事的老婆，这有错吗？我只想要一个压根儿就不给我出轨机会的老婆，这有错吗？

有错吗？这还真是一个天问。直到今天，天底下还有不计其数的夫妻深陷其中，苦苦追问。

徐悲鸿和蒋碧微显然是无解了。先崩溃的是徐悲鸿，因为孙多慈的出现并不是空穴来风。蒋碧微回忆说，1936 年他们是闹翻了，徐悲鸿是离家出走远遁桂林了，可他并不是一个人，还有孙多慈一家。

他是打定了主意，要与这个美丽而才华横溢的学生另外组建一个理想的家。

—

这个理想没有落地的可能。因为罗敷虽无夫，使君却有妇。

孙多慈的父亲坚决反对这桩不伦之恋。而孙多慈自己呢，偏又是个不敢忤逆家庭的女子。在这事上，她的胆色远不如蒋碧微。

一直折腾到了 1940 年，孙多慈认了命，嫁了人。一家人远走浙江，从此再也没有见过徐悲鸿。她对老师的一片痴情，只能陪着她自己走完余生。

徐悲鸿从此堕入谷底。同样是国破山河在，千多年前的杜甫还有家书抵万金，可他呢？孙多慈走了，蒋碧微也坚决拒绝他回家，现在连一个可以牵挂他、温暖他的家都没有了，何况家书。

你可能无法想象——在 1940—1942 年这两年中，这个伟大的画家竟然像一个孤独的小孩那样可怜，没有人疼，没有人爱。画笔下依旧流金淌银，可握笔的人却穷得连个家都要不起了。

杨振宁在娶翁帆时说，她是上帝送给他的最后一件礼物。同理，廖静文也是上帝送给徐悲鸿的最后一件礼物，是踏着七彩祥云、专门来为徐悲鸿安家的天使。

盘溪晚霞中的那场告白之后，徐悲鸿的生命进入了最后十年，算得上时日无多。既然是来拯救他的天使，每一分钟都很宝贵，又何必在乎什么年龄差距呢？

—

桂林相遇后不久，廖静文跟着徐悲鸿穿越了云贵高原、十万大山，在重庆落下脚来。

中国美术学院虽只是一个研究性质的教育机构，却因为有徐悲鸿这种顶流加持，获得了重庆人的高规格礼遇。四川商会会长石荣廷把自己的石家花园全部腾了出来，供学院任意使用，还分文不取。

廖静文是初次来重庆，可徐悲鸿却已是重返了。除了领衔筹备中国美术学院，他还一直是中央大学艺术系的教授。1937 年“七七事变”后，中央大学从南京内迁到了重庆，在重庆大学内继续办学开课，徐悲鸿自然就来到了嘉陵江畔。

那时候他就住在重大，每天都有机会看到磁器口江边那些辛勤挑水的巴渝人家。对，前面说过的，就是那样一幅络绎不绝、汲水攀登的场景。斯时维艰，底层民众承受着国家命运与家庭生计的重压，却并不绝望，也从不懈怠，用最原始的办法、最简陋的工具，每天向着生的希望挣扎前行。

这让徐悲鸿获得了前所未有的灵感和冲动。他认为这就是抗战精神最好、最生动的解读。于是他花了大量时间，穷尽半生功力，画出了一幅著名的国画——《巴人汲水图》。

这是一件被美术界誉为“五百年一遇”的传世瑰宝。徐悲鸿的实力、理念、信仰和情怀，都在这幅画里一览无余，毫无保留。他还在画上题了一首原创的诗：

忍看巴人惯担挑，汲登百丈路迢迢。盘中粒粒皆辛苦，辛苦还添血汗熬。

1943年春末，距那次苦涩告白之后两三个月，徐悲鸿在重庆举办了一次个人画展。《巴人汲水图》与他的《田横五百士》、《徯我后》、《九方皋》、《愚公移山》等巨幅名画一同展出，轰动了山城。

数十年后，廖静文仍记得自己当时的状态："我挤在那些观众之中，倾听热烈的赞美之词，尽情地分享着徐悲鸿先生的喜悦。"

原来她是在自己骗自己。她拒绝了徐悲鸿的表白，并不是不想和他在一起。不然她凭什么去分享他的喜悦呢？如果没把对方当成自己最亲的人，如何能够不由自主地喜他所喜、悲他所悲呢？

的确是悲他所悲——在石家花园外一次又一次的散步闲聊中，徐悲鸿把自己的悲催过往全倾吐给了廖静文。听到伤心动容处，廖静文一度难过到心痛。她曾企图去找蒋碧微掏心窝子，劝她与徐悲鸿和解。她还曾对徐悲鸿说："我为她（孙多慈）惋惜。如果她能生活在您身边，该有多么幸福。"

崇拜，同情，怜悯。廖静文用这三个关键词，概括了自己从遇上他到爱上他这一整条心路历程。天降大任于斯人也。这么优秀而可怜的一个男人，既然蒋碧微和孙多慈都不能给他一个家，那就都闪开，让我来。

画展之后大约十多天，1943年暮春的一个傍晚，依旧是晚霞照耀着嘉陵江面，徐悲鸿和廖静文又相遇在石家花园外的青石板路上。这次廖静文没有沉默，没有犹豫，说出了下面这句话：

"我愿意，先生。我已一步一步跨越了年龄距离的障碍，愿意为您和您的工作，奉献我的一生。"

—

别忙着鼓掌起哄，八字第一撇都没写完。当年孙多慈踩过的雷，到廖静文这儿一个也没落下，全得原样踩一遭。

果然，两人确定恋爱关系没多久，廖静文就收到了父亲和姐姐分别来的信，异口同声反对，理由跟当年孙多慈父亲如出一辙。廖父还用上了“遗臭万年”这种极端词汇，显然已是气急败坏。

家人这一关，孙多慈没闯过去，廖静文觉得自己也快完蛋了。于是她改了主意，决定离开重庆，悄悄地退出。

某天早上，徐悲鸿照例从石家花园出发，准备坐船过江去对岸中央大学授课。临出门前，他照例去别院敲廖静文的门，想跟往常一样打个亲热的招呼再走。

可是今天廖静文并没有跟往常一样快乐地开门。她躲在床上，假装没醒，任眼泪浸湿枕头。徐悲鸿敲门不应，又趴在窗沿上往里张望，喊了好几声“静”也没动静，悻悻而去。

过了很久，廖静文才起床擦干了眼泪，收拾好所有行李，又把一封诀别信放到了他的办公桌上，然后出门，也往山下渡口去。

这一趟下山之路，很可能是廖静文一生中走过的最长一条路。她一步步走过盘溪石虎，走过山腰那棵枝繁叶茂的黄桷树，这一路上的每一处景物都让她觉得很累，很无力。因为这都是她和徐悲鸿一起走过的日子，这一去便再无重来的可能。

但她没办法，只能往前走，终于走到了石门渡口。她买了票，轮渡正好靠了岸，搭起了跳板。她排在登船的队伍里，一步一步往前挨，终于挨到了跳板前，迟疑着跨出了一只脚。

只有电影里才会发生的奇迹，在这一刻发生了——一只手重重地落在了廖静文的肩上，生生将她扭了过来。廖静文定睛一看，正是徐悲鸿，满脸虚汗，气喘吁吁：

“静，你不能这样走！”

廖静文至死都牢牢记得这扭转乾坤、改变命运的一刻。如果这一刻没有出现，她就将成为第二个孙多慈，抱恨终生。

她最应该感谢的是自己。因为就是她自己，在短短几个月里成功地改变了徐悲鸿的某种下意识思维——他第一次把自己依恋的女人，摆在了艺术和事业前面。

在这个敲门不应的早晨，他感觉非常不好。虽然并未想到他的静是要不辞而别，却想到她可能是生了病。于是那天上午他一直心神不宁，才上了两节课就匆匆告假，过江回家探望。

阴差阳错，两人并未在码头和山路上相遇。徐悲鸿一进石家花园就看到了那封诀别信。他如遭雷击，立刻飞奔下山，根本无暇去想廖静文已走了多久、是否还能追上。没有人知道在这趟急如星火的下山路上，徐悲鸿心里想过些什么。但从他不顾一切抛下工作、不顾一切追到渡口的事实来看，你不难得到答案：

不能没有你。有你才有家。

—

廖静文留下了，没有重蹈孙多慈的覆辙。从这一刻起她明白了自己的使命，开始忠实履行起老天托付的责任。

她不懂绘画，却能以最大的热情和最好的悟性，去体味徐悲鸿的每一幅作品。她考上了成都的金陵女大化学系，入学后没上几天课就决定辍学回重庆，因为徐悲鸿身体不好，需要她天天陪伴。大学嘛，不上就不上呗。

她并不喜欢政治，却无条件与徐悲鸿保持着同一政治立场，充当着他与郭沫若等“危险人物”之间的联络员。她天性柔弱怕黑，可当徐悲鸿半夜突发高血压、血压飙升至200以上的危急时刻，她就敢冒着瓢泼大雨，独自摸黑下山去请医生。

徐悲鸿这一次，遇到了真贵人。

从1936年离家出走开始，徐悲鸿与蒋碧微就进入了事实分居状态。其中的是非恩怨外人固难评说，但有两件事是明确的：蒋碧微一不和解，二不离婚。

这一纠缠就是八年，全面抗战也不过如此了。廖静文当然明了这一切，所以她有勇气去挑战世俗伦理，在1944年初春的一天，在徐、蒋二人还未解除事实婚姻关系（他们从未注册过）的时候，与徐悲鸿订了婚。

因为有了廖静文，重庆这四年多里的几乎每一天，对徐悲鸿来说都像是新生。太阳每天都是新的，嘉陵江每天都在唱歌，石家花园每天都有花香，盘溪石虎每天都在回家的路上冲他微笑。

徐悲鸿因此进入了艺术生涯中的一个鼎盛期。他一生作画数千幅，其中被正式收藏传世的有一千多幅。在这一千多幅里，就有将近1/3创作于重庆。

家和万事兴，他明白这个道理，知道世上一切称心如意都不是无源之水。于是他在大部分作品上写下了这样一句话：静文爱妻留存。

1945年8月，抗战胜利了，蒋碧微也同意离婚了。徐悲鸿掏空一生积蓄，还透支健康来大量作画，以此作为离婚补偿和子女抚养费。他与廖静文之间最后一个阻碍，终于消除了。

很快，他和廖静文在重庆中苏友协举行了隆重的婚礼。郭沫若送上了一首诗作为贺礼：

嘉陵江水碧于茶，松竹青青胜似花。别是一番新气象，盘溪风月画人家。

这首诗，妙就妙在最后一句，写透了这对新婚夫妇的一切。

—

盘溪风月，到底是什么呢？

今天，你从石门大桥下的嘉陵江边出发，仍能找到徐悲鸿和廖静文每天都走的那条山路。你拾级而上，仍能看到路旁岩壁上每天迎送他们的石虎浮雕。穿过浮雕上方的侨发老年公寓，再跨过公寓门口连接北滨路—盘溪那条支马路，你就能走上他们相互告白的那条青石板小路。

小路尽头，就是已然修葺一新的石家花园。

这一路爬坡上坎，每一处景致都足以让你尽情追忆前辈风范、感怀大师国难当头时的坚守与奋进。可你千万别忘了，藏在这无边风月最根部的，只是一个关于“家”的故事。

救一个国与建一个家，道理是相通的：汲登百丈路迢迢。所以我们要携手，要努力，要且行且珍惜。

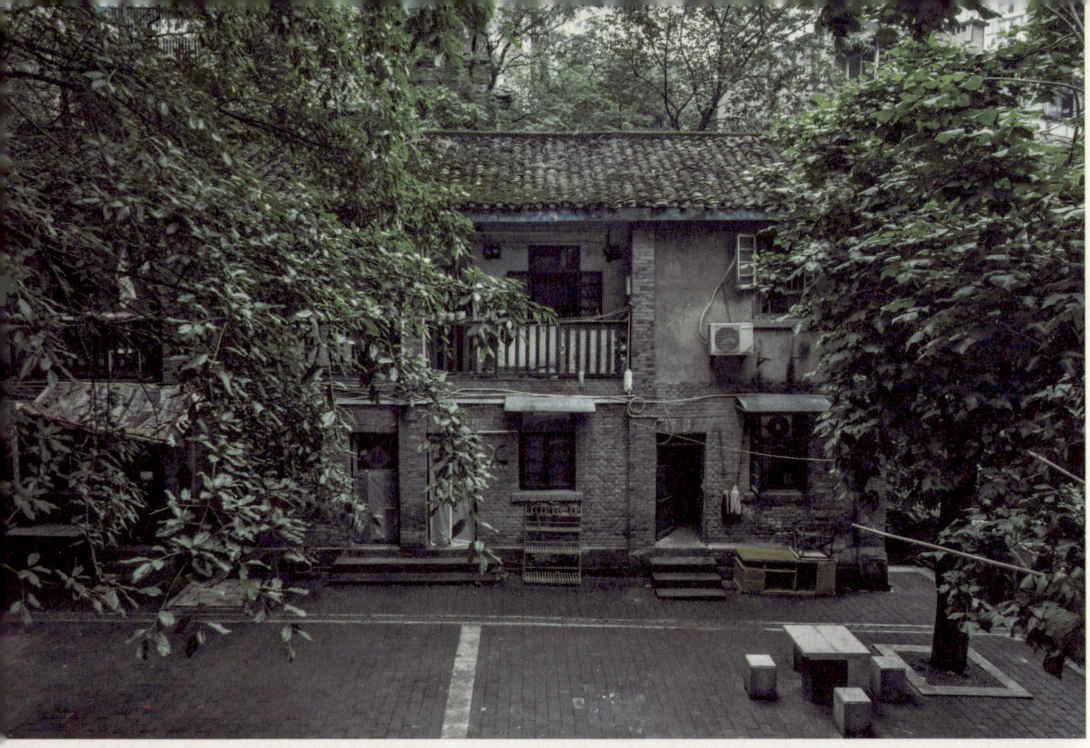

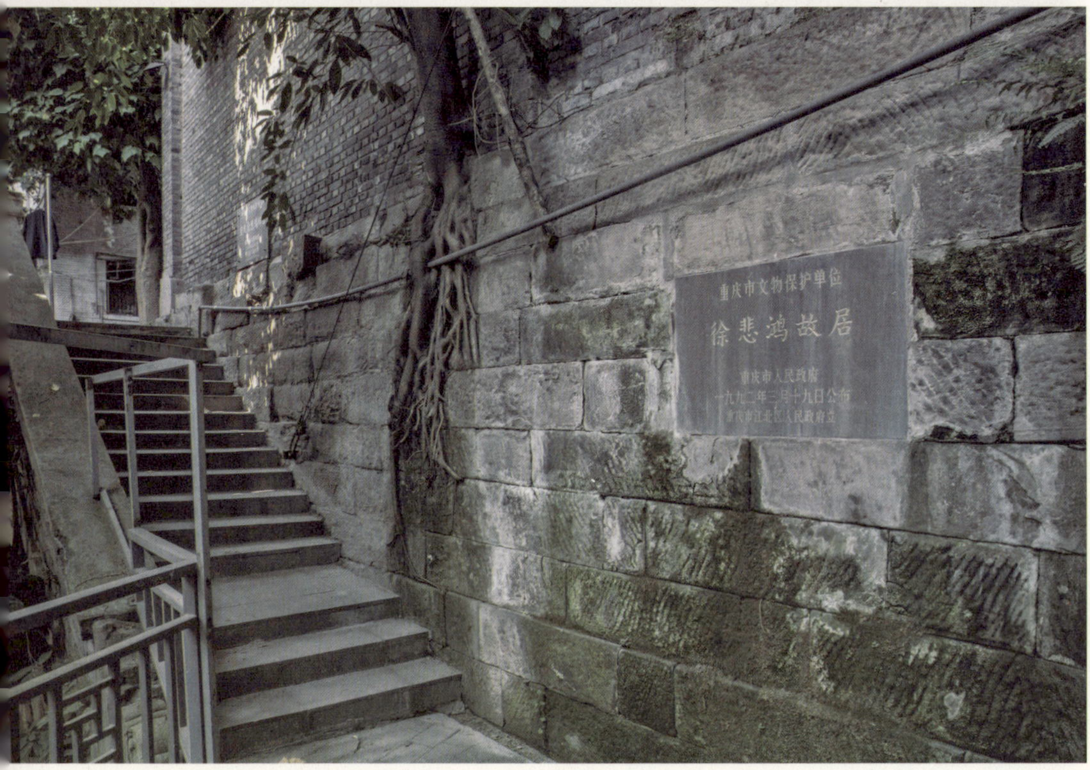
重庆市文物保护单位
徐悲鸿故居
重庆市人民政府
一九九二年三月十九日公布
重庆市江北区人民政府立

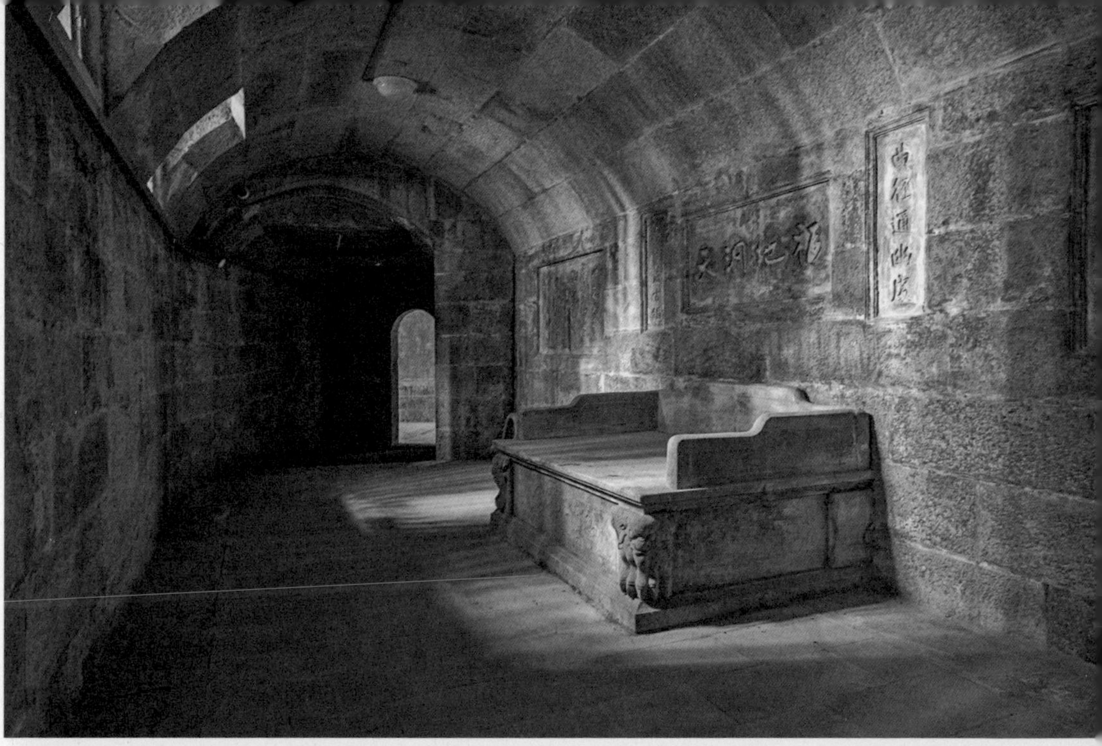
曲径通幽处
福地洞天

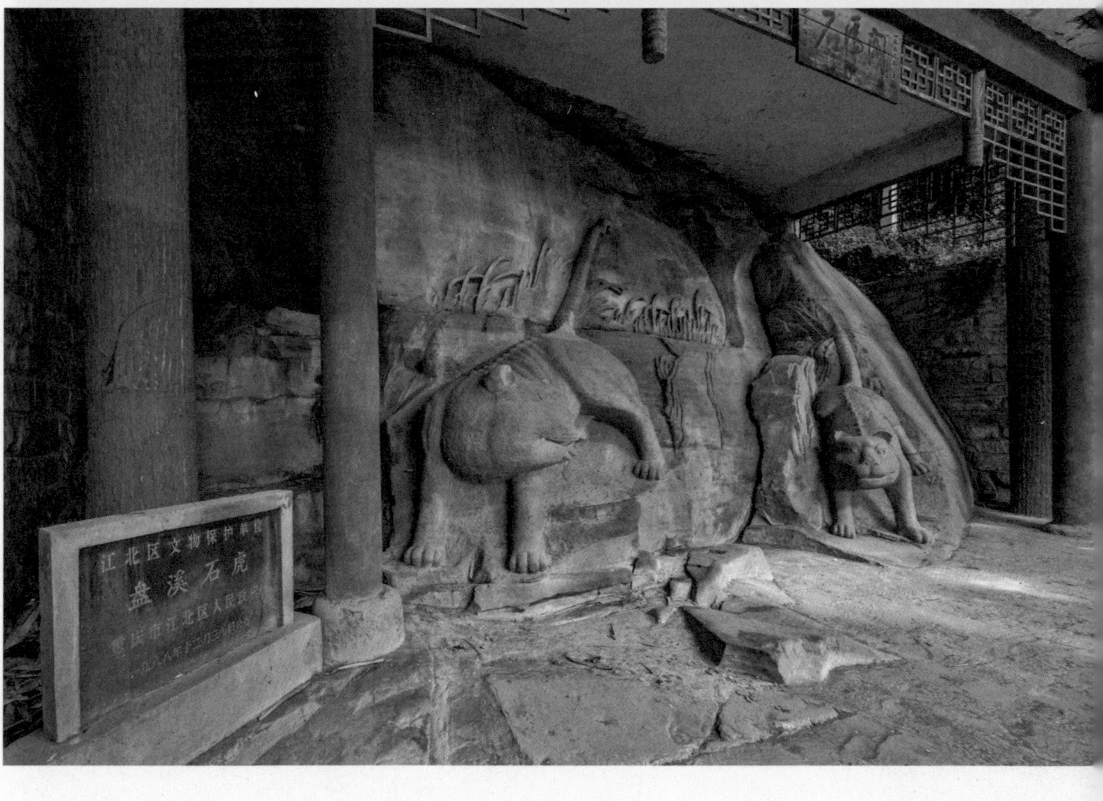
江北区文物保护单位
盘溪石虎

第十章 天堑变通途

嘉陵江大桥

一

在大夏国皇帝明玉珍的故事里，我们忘了交代一个很重要的问题：他老人家的皇宫在哪儿？

六百多年来，《新元史》《明史》《明氏实录》等史籍什么都说到了，就是没说这事儿。只有《明实录·太祖实录》里提了一嘴："壬戌，四川布政使司言：重庆府旧治为明氏所居……今已十年，旧治摧毁……"

这意思是：公元1382年，大明朝四川省政府给朱元璋打报告，说重庆市政府办公大楼曾被明玉珍一家霸占过，如今明家投降已十年了，市里新一届班子怕僭越一直没敢搬进去，眼瞅着大楼成危房了……

原来在这儿。那么，"重庆府旧治"是个什么地方呢？

就是南宋末年余玠余大帅兴建的四川制置司衙门，与当时的重庆府府衙合署办公，不光节制钓鱼城，还是当年大宋整个西线抗蒙斗争的指挥中心。进入元朝，此地就成了四川行省所辖的重庆宣慰司衙署。

这是渝中半岛顶部一处规模极其宏大的建筑，具体位置大约在今天渝中区长江索道站至白象街一带。2010—2017年这七年多时间里，重庆市文化遗产研究院在此进行了全面的考古发掘，摸清了这处古建筑的样貌。

如果原样复制出来，可能会吓你一跳——

这是一个坐东北、朝西南、衔远山、吞长江的封闭式宫城建筑，外廓长约900米、宽约200米，总占地面积约20万平方米，接近故宫的1/3。考虑到重庆的特殊地形、渝中半岛下半城的逼仄现实，这种体量已经非常惊人了。

无疑，明玉珍打进重庆后，除了这座帅炸天际的前朝官署外，不可能再找到其他更合适的地方，来安放他那尊贵的身心了。

—

扯远了是吧？别急，马上回到今天的主题。

明玉珍在下半城这座大皇宫里住了差不多九年，然后就崩了。我们知道，他死后埋在了江北城宝盖山上的睿陵。按睿陵出土的“玄宫之碑”所述，“大夏太祖”下葬的时间是公元1366年农历九月初六。

在这个悲伤的九月初六，大夏国的列位臣工抬着先皇棺椁，一大早就从皇宫出发，一路步行到长江边上船，顺流而下大约一两公里后，绕过朝天门、横渡嘉陵江，才能靠上江北城码头。接下来，他们还得扛着棺材去爬山。这一趟折腾下来，少说也得大半天。

那是在654年前的重庆。不要说嘉陵江，全世界的江河上都不可能出现一座现代化大桥。人们想要安葬他们敬爱的皇帝，就得这么麻烦。

要是在今天就完全不同了。大夏国的朋友们大可以抬棺上车、出门左拐，说话间就能拐上东水门大桥北桥头。风驰电掣穿过隧道，眨眼又能飙上千厮门大桥。三分钟，仅仅需要三分钟，他们就能跨过嘉陵江、踏上宝盖山。最多再给十分钟酝酿一下情绪，沉痛而庄严的追悼会就能如愿开始。

嘉陵江与长江左拥右抱，固然是上天赐予重庆的巨大财富，但也把一座重庆城生生分割成了江北、渝中、南岸三大块。两江四岸鸡犬之声相闻、烟火之气互通，却总是盈盈二水间、脉脉不得语。

受两江天堑所累的，岂止大夏国的送葬队伍，还有千百年来生长于斯的重庆人。天天爬坡上坎、肩挑背扛的已经够难受了，还要平添两条大江阻隔，让人即便只在城内经营生活也备感艰辛，更不用说北上川陕、南下黔滇去旅游了。

蜀道之难，岂止于山。倘若古代的重庆人能够掌握现代土木工程技术、能够制造钢筋混凝土的话，那是一定要在两江上动手造桥的，一天、一个时辰也等不了。

这当然是不可能的。重庆人的大桥之梦，得等到20世纪才能圆。

一

最早放话说要在重庆建跨江大桥的人，很可能是一个名叫杨森的四川军阀。此人在37岁那年当上了“重庆商埠督办”。其时是1921年11月左右，重庆虽已开埠多年，却并不是一座近现代意义上的大城市，没有市长这一说，所以杨督办约等于杨市长。

据传，在给江北城码头建货运道路的时候，杨森说过一番话，大意如下：我想在嘉陵江上建一座大桥，连到对岸的渝中半岛上去。

重庆这地方，历史太悠久，小河小溪上至今还留存着不少明清拱桥或平桥。但1921年枯水时节杨森鬼使神差冒出来的这句话，却是第一个明确的跨江大桥创意。只不过，没有实现的可能。

在中国共产党成立的那一年，别说重庆了，全中国都找不到一个城市有能力去实现。杨森自己说完都忘了，等他下一次再捡起这个话题，已是二十多年后。

从护国讨袁到全面抗战，四川境内军阀混战了二十多年。杨森之所以能在1921年主政重庆，是因为这一年他的临时老大刘湘打赢了一个叫刘存厚的对头，在重庆当上了四川省长。临时小弟杨森有功，刘湘便让他代理川军第二军军长，兼重庆商埠督办。

但刘湘“四川王”的位子并未坐稳——川军第一军掌握在国民党元老、川军耆宿熊克武手里，而熊大帅也认为自己是四川王。天无二日，川无两王，所以在1921年底，新一轮军阀大战又是一触即发，你搞不清楚杨森大开脑洞要架桥的动机，到底是想方便百姓还是方便打仗。

第二年七月初，川军第一军和第二军干上了。杨森本来实力更强，没想到在渠县、蓬安一带决战的时候，被第一军一个特别能打的团长突破了中央阵地，导致全军崩溃、一泻千里，竟然连重庆城也丢掉了。

这个特别能打的团长名叫刘伯承。差不多27年后，他将和一个名叫邓小平的搭档一起，率领一支虎狼之师再度开进重庆城，替刚逃去台湾的杨森实现建桥的愿望。

65岁的杨森这次真是重庆的市长，他也真是要开工建一座嘉陵江大桥，连奠基仪式都搞了。可惜，他只能把这个创造历史的机会，留给他那个广安同乡邓小平了。

—

在杨森与刘邓大军之间，还隔着一个潘文华，1926年就任重庆商埠督办。1929年重庆正式建市，他便成了首任重庆市长。

此人不但是有名的川军将领，也是一个有才的市政管理专家。如果用蜀汉人物来打比方，他大概就是李严、黄权那种能吏角色。可以说，他是将重庆带入现代社会的第一人。

正是在潘文华任上，重庆首次有了电力公司和自来水公司，老百姓自晚清开埠数十年来终于普及了基本的民生福祉。也是在他任上，重庆主城区突破了通远门和浮图关，从上下半城弹丸之地一直扩展到了菜园坝、上清寺、沙坪坝，初具一个大城市的模样。

还是在他任上，修筑了重庆史上首条公路——中区干线，从七星岗出发，经两路口、上清寺到曾家岩。这条干线今天还在跑汽车，我们还叫它“中山一、二、三、四路”，它依然是渝中半岛上的交通主动脉之一。与中区干线同步动工的还有长江一侧的南区干线，以及嘉陵江一侧的北区干线。这两条公路现在也在用，分别叫作南区路和北区路。

具备这种眼光魄力的市长，自然也能想出杨森那种点子：如果能在长江和嘉陵江上各建一座大桥，打通两江天堑，重庆的未来不可限量。

然而这仍是一个空想。尽管20世纪30年代的潘文华可以修通三条公路，但跨江大桥这种浩大工程依然可望而不可及。除了无奈的国力，还有更无奈的时代——

潘文华当了九年重庆市长，1935年年中卸任，随后火急火燎去了川西，带兵在天全、芦山一带打了一场恶仗。对手嘛，就是不愿跟着中央红军过草地、想直接去打成都的张国焘。跟红四方面军这仗打完之后两年多，潘文华又带兵去了淞沪战场，参加了南京外围的广德保卫战，兵败后被撤了职，黯然回川。

抗日杀敌、建设重庆这两大愿景，从此与潘文华无缘。但他在重庆留下的卓越政绩，却为整个中国打造了一座可靠的战时首都。1935年3月12日，蒋介石借“剿匪”之机首次来渝视察，在日记中写了这样一句话：

（重庆）可做大后方首选地。

二

全面抗战爆发后，国民政府迁都重庆，党政机关、大中专院校、各大企业及数十万计的难民一齐涌入，两江四岸顿显拥挤不堪。

仅江北一地，就安置了以第10、第21兵工厂（这两家厂现在的名字叫长安集团）为首的140多家制造企业，它们为前线提供着大部分的枪炮弹药。与工厂同步进驻江北的，则是多达十万以上的工人和家属。

那几年的江北，每天都有不计其数的产品、设备、物资要流通，而十多万人的日常生活也需要源源不断的保障，一条嘉陵江横亘其中，制造了极大的交通麻烦。上一章我们在徐悲鸿的故事里提到过，大师每天都要从盘溪过江去对岸的重大上课，直线距离最多一公里，却得在陡峭山路和过江渡船上耗掉起码两三个小时。

所以即便遭受着日机频繁轰炸，也不断有人呼吁兴建嘉陵江大桥。然而反对的意见也很有道理：就算你不惜一切代价把桥建起来了，拿什么去保卫它呢？如果被日军炸毁了，你有没有能力去修复它呢？

不管怎样，建桥的声音渐渐多了起来，而且不只是嘉陵江大桥，还有长江大桥——国际唯一援华大通道在滇缅路，几乎所有援华物资都是从长江南岸抵达重庆，而长江之宽、之险又远胜嘉陵江，难道不更需要一座大桥吗？

尽管暂时干不了，但在两江上兴建大桥、改变重庆城市形态、重新定义城市未来的想法，已不再是少数人的空想了。只要时机成熟，就有机会实践。

一

抗战胜利不久，1946 年，重庆市政府就迫不及待拿出了一份《陪都十年建设计划草案》。这份草案汲取了西方先进的城市规划建设理念，结合重庆实际做了很好的功课，其中就包括在长江和嘉陵江上各建一座大桥。

草案很快进入了实施阶段。市政府做的第一件事，便是委托国际知名的桥梁工程大师茅以升来设计两座大桥。

茅以升，中国现代桥梁建筑史上开山祖师一般的人物，中国第一座完全自主设计建造的跨江大桥——钱塘江铁路公路大桥就出自他手。之前中国只有一座郑州黄河铁路大桥，是清政府委托比利时人造的。钱塘江大桥于 1937 年 9 月和 11 月分别实现了铁路、公路通车。仅一个多月后，为阻滞日军进攻，茅以升又亲手炸毁了自己呕心沥血的杰作。

1946 年到 1947 年间，茅大师一边在筹划修复钱塘江大桥，一边在设计重庆的跨江大桥。在此之前，由他设计的重庆望龙门客运缆车已经投入运行了。茅以升很快拿出了两座大桥的设计方案，选址如下：

长江大桥选址在渝中半岛东水门大码头至南岸下龙门浩，全长约982米。

仅从这一点看，它很像今天的东水门大桥；

嘉陵江大桥则计划从南岸的曾家岩修到北岸的陈家馆（今龙湖春森彼岸一带），全长约 500 米。重庆人一看就明白，它非常接近今天的曾家岩嘉陵江大桥。

1948 年，梅开二度的重庆市长杨森主持审定了茅以升方案。各界代表一致认为，以当下的财力要同时上马两座跨江大桥不现实，应先建难度较小、花费较少的嘉陵江大桥，而且选址也要调整：改为南岸起自沧白路，北岸止于江北水府宫，也就是自古繁华的江北城一带。

当然，这座桥在今天也变成了现实，名叫千厮门嘉陵江大桥。它与前面提到过的东水门长江大桥连为一线，共同构成了一座横跨两江、贯穿半岛、连通重庆两江四岸的“两江大桥”。

1949 年 1 月 16 日，重庆各界在沧白路举行了隆重的奠基仪式，杨森开心地宣布嘉陵江大桥奠基了。比他更开心的还有江北的民众。在当年三月出版的旧报纸上，还能看到这样的记载：建桥费用江北分摊 60% 以上。

从这个分摊比例不难看出，江北人对这座大桥寄予了更大的热情和期望。从最终选址也不难看出，七十多年前这座呼之欲出的嘉陵江大桥，将要连接的是解放碑和江北城这两个最繁华的黄金地段。它俩无疑是那个年代分处嘉陵江两岸的重庆核心，用今天的话说，就叫作 CBD。

这座嘉陵江大桥的奠基仪式，也是它的谢幕仪式。杨森同学接下来要做的不是准备开工，而是准备跑路。十个多月后，重庆历史翻开了新的一页，新的嘉陵江大桥，就要来了。

—

1949 年的 11、12 月间，重庆、成都先后解放。仅仅半年后，1950 年 6 月，成渝铁路开工了。

这是一条从 1903 年就开始筹划的铁路，本为川汉铁路的西段。满清时期基本未动工，还惹出了一场保路运动，把大清朝掀了个底朝天。随后的北洋政府干脆就什么也没做。再后来的国民政府倒是动工了，可那会儿已是 1937 年，开工没几个月就彻底停了摆。

新中国可不一样。中共中央西南局和西南军政委员会动员了 15 万军民，仅用了两年时间就修通了成渝铁路。紧接着，重庆至贵阳的川黔铁路也进入了筹备阶段。

成渝铁路在长江以北，川黔铁路在长江以南，如果在长江上建一座跨江铁路大桥，不就能把两条铁路连成一体，从而打通重庆北上南下的交通大动脉了吗？

基本上可以确定，这个想法的首倡者是邓小平。成渝铁路刚刚通车，西南局第一书记、西南军政委员会副主席邓小平就在某次会议上明确提出：还要在长江上建一座大桥，把成渝和川黔铁路连接起来，让长江天堑变成通途。

这个人跟他那个广安同乡杨森不同，说过的话必须做到，越快越好。1958 年 6 月，重庆白沙沱长江大桥（也叫小南海大桥）开工了，仅用了两年半就建成竣工，只比武汉长江大桥晚了三年。重庆因此拥有了一座“万里长江第二桥”。

白沙沱长江大桥的设计施工队伍，就是建武汉长江大桥的原班人马，他们在苏联专家指导下积累了丰富的经验和技术。在白沙沱大桥开工之前，这支队伍就接到了重庆市政府的另一份委托函：

设计建造嘉陵江大桥。

从 1921 年的杨森到 1930 年的潘文华，从 1949 年的杨森再到 1958 年的重庆市长任白戈，历史兜兜转转三十多年，那座让重庆人意难平、心不死的嘉陵江大桥，终于不会再跳票了。

—

刚解放不久，重庆的党政高层就已看到了发展困局所在：渝中半岛聚集了主城大部分人口，但地域狭小，规划城建和民生供应都不堪重负，势必向两江对岸寻求突破；

而嘉陵江对岸的江北直通川陕，土地辽阔，开发空间极大；沿江地带又分布着抗战内迁的众多企业，初具现代工业产业群雏形。即便只从保障物流供应链的角度讲，也急需一座连通半岛的大桥。

更不用说两岸老百姓的渴望了。嘉陵江主城段在枯水期的时候，江面最窄处不过百米左右，两岸间说话大点声都能听见。可就这么一点点距离，千百年来重庆人必须依靠木船往来，一条船装十几个人，光排队等船就得耗半天。重庆又是著名的雾都，一到冬季起雾江面就得停航。如此一来，渝中与江北简直成了咫尺天涯，叫人望江兴叹，有家难回。

武汉的设计单位很快拿出了初步方案：单层公路大桥，五跨连续钢桁梁结构，正桥长度约 625 米，南北两岸均设引桥。选址则跟解放前一样，也有两个方案备选：一个是从渝中牛角沱连到江北华新街，另一个则是从江北石马河连到沙坪坝高家花园。

设计期间，专家组到重庆考察调研了好几次，综合分析了地质条件、水文条件、城市规划、产业布局甚至未来三峡大坝建成后可能出现的各种情况，最终确定了牛角沱方案。

这就是今天仍活力四射的牛角沱嘉陵江大桥。六十多年前它首次出现在设计稿里的时候，牛角沱虽早已是主城区，但江北一侧还没有华新街，只有一个香国寺街道，以及背后农田密布、沟渠纵横的观音桥乡。无所谓了，主城跨江的第一步，就从这里迈出去。

至于那个被放弃的第二方案，无论高家花园还是石马河，那时都是主城之外的远郊区，建桥意义不大；要等到 40 年后的 1998 年底，才是高家花园嘉陵江大桥登台表演的时间。

—

1958年12月，牛角沱嘉陵江大桥开工了。武汉的队伍带来了当时世界上最先进的桥墩建造技术——大型管柱基础施工法。

通俗地讲，就是用十几根直径1.55米的管柱组合浇筑成一个直径20多米的超级胖墩，将它安置在江面以下作为桥墩的基础。要让这样一个巨无霸在水下站稳，基桩就得打穿厚达5米多的江底砂石覆盖层直达河床基岩，然后再钻进基岩层5米多才行。

这就足以确保大桥基础牢固，同时让江面上的桥墩更加轻巧，从而创造更好的通航条件。但在1958年的中国，上述水下施工方案的操作难度，是今天的人们难以想象的。

那时候的工地上，几乎什么都缺。比方说大型设备，只能用拖船从长江白沙沱一直拖到嘉陵江的施工现场来。可数量严重不足啊，像水上吊机这种需求量极大的设备就解决不了。

没办法，只好把陆地上用的履带式吊机装上船，开到江心下锚，当成水上专用吊机用。很快连履带吊机也不够了，工人们便用上了土办法，拿钢管和滑轮自制了一种杠杆式结构，结合卷扬机使用，也能达到吊机的效果。

设备好办，材料却难。大桥是钢架结构，必须使用综合力学性能最好的16号锰钢。当时国内只有鞍钢能做这种钢材。可鞍钢远在数千里外的东北，物流费用之高是嘉陵江大桥万万承受不起的。怎么办呢？

市政府没法子，只好去逼重庆的重钢。重钢人一发狠，居然搞定了。接着桥面也遇到了同样状况——桥面预制板的硬度要求很高，必须使用一种特殊的高标号水泥，国内又是没几家厂能做。跟重钢一样，重庆南岸水泥厂也被逼得发了狠，居然又搞定了。

—

长达数百米的钢架一字排开撑在桥面下，犹如一股钢铁洪流跨江列阵，气势夺人，把嘉陵江大桥变成了一件极具“工业暴力美学”色彩的艺术品。

特别好看。但背后的活儿也特别熬人。因为如此规模的钢架阵需要大量铆钉加持，以确保钢结构之间的稳固连接。怎么做呢？

你得将每个铆钉都加热到300℃以上，再一个个手工铆接到钢架上去。施工现场的温度之高脑补可知，但在六十年前的工地上，只能靠人硬扛。一班工人最多干两三个小时就会热到虚脱，然后赶紧换下一班。

最具“愚公移山”精神的一幕出现在引桥。北桥头好说，江北那边反正无遮无挡，引桥直接怼过去就行。南桥头这边就不行了，因为江岸上是一整座山，翻过山去才是繁华的上清寺—牛角沱片区。

没法打隧道，技术和预算都不支持。只有一个办法：把这座山生生挖出一个大豁口来，让引桥从这豁口里穿出去，连通上清寺的公路。

这个豁口，就是今天从上清寺上嘉陵江大桥的那条主干道，叫作嘉陵桥路。你抬头就能看见路的两边有两座小山包，一边山上是嘉陵桥东村，还有个特园；一边山上是嘉陵桥西村，还有个中国邮政大楼。

你不一定知道六十年前建大桥那会儿，还没有东村和西村，也没有嘉陵桥路。现在你之所以能站在上清寺一眼望尽江北风光，是因为当年的重庆人用双手挖开了一座山。

从1958年到1960年这两三年，正是新中国历史上最不堪回首的困难时期。嘉陵江大桥建设工地上的那些人，却在痛苦中不断突破着自然与自我的极限。

—

1960 年，嘉陵江大桥还是被迫停工了，直到一年多后的 1961 年底才重新开工，且困难重重，效率很低。除了物资供应严重不足外，还有天时不利——桥墩等基础施工只能在嘉陵江枯水期进行，而这种时间窗口每年都只有岁末年初那三四个月。停工的影响实在太大了。

但总归是复工了，大桥仍在顽强地生长。只要它在长，每天哪怕只长一寸，也能让那群连饭都吃不饱的人欢欣鼓舞，盼头十足。

1965 年 11 月，邓小平回重庆了，这时他的职务是中共中央总书记，来渝视察三线建设情况。除了要看各大军工企业，他还想看嘉陵江大桥。在他心里这事儿特别重要，因为成渝铁路、川黔铁路、白沙沱大桥和嘉陵江大桥这四件大事都跟他有关，前三件都办妥了，就差这最后一件了。

要不是之前停工耽误了一年多，邓小平这趟将会看到一座已经通车的大桥。不过现在也还不算晚，大桥已然合龙，正在进行最后冲刺，竣工通车指日可待。只是主桥桥面尚在施工，有很多缝隙孔洞，不能正常行走。

这座桥小平盼了十几年，眼下来都来了，你忍心让他失望？施工单位便在主桥桥面上搭起了多处跳板，以便小平能从牛角沱一直走到江北去。

那一天邓小平是如何上的桥，有没有一直走到江北，在桥上说了什么、做了什么，已很难找到现场记录。但我们知道，他在桥上遥望到的江北大地，是他故乡的方向。1919 年，他就是从嘉陵江北岸 150 公里外的广安乡下出发，翻山越岭走到了重庆江北，然后坐船渡江进了市中心的留法预备学校。第二年他便从太平门码头起航去了遥远的法国，从此再没回过广安老家。

浮云游子意，落日故人情。1965 年 11 月中旬的那一天，当邓小平在嘉陵江大桥上踩着跳板走向江北的那一刻，很可能是他从十五岁那年直到去世、近八十年人生里离家最近的一刻。

1966 年 1 月，大桥正式通车了。这是重庆主城历史上第一座跨江大桥，也是千里嘉陵江上第一座架在城区里的大型公路桥。通车那天万人空巷去“踩桥”的盛况不必赘述，你只需要知道那一天的嘉陵江大桥，就像一个十五岁便辞家报国的少年郎——

头顶高山，脚踩大江，一手撩开浮云，一手撑起落日，誓要为众生开出一条踏破天堑的堂堂大道。

—

冬去春来，转眼就是半个多世纪。嘉陵江大桥的前后左右，一步步沧海桑田。

最早因大桥而受益的地方，就是江北。从战国时期秦灭巴国、设巴郡开始，直到20世纪六七十年代，两千多年里江北的核心一直在江北城一带，区区一两平方公里，早已无处伸展。

而在西边广阔的土地上，观音桥仍然是个大乡场，还在逢二五八或三六九赶场；而红旗河沟真的只有一条小河沟，大石坝、石马河真的只是水田连着旱田。在更辽阔的北部，没有渝北区，只有江北县；没有江北国际机场，机场在白市驿。

上世纪80年代，每天清晨最先通过嘉陵江大桥进入渝中半岛的，并不是5路电车，而是三三两两进城送菜的自行车或三轮车。很正常，因为那时候观音桥还住着大量的农民，还种着成片的菜地。市中区的人们仍然习惯用“江北菜农”这个不礼貌的称呼，来统称住在江北的人。

嘉陵江大桥不会说话。但它心里明镜似的——天堑变通途只是第一步，还有更重要的下一步，就是借这通途去拓展城市、创造机会、催生财富、消除差距，最终打破人们心中那道天堑。

从通车那天算起，大桥花了三十多年来完成这一使命。它显然成功了，因为观音桥崛起了，成了江北新的城市中心；从这里出发沿着机场高速公路一路向北，便是银鹰穿梭起降的渝北大地，那可是一片承载着新兴直辖市希望的田野。

在世纪之交的那几年，观音桥在酝酿着中国西部最繁荣的一条商业步行街，精英们在谋划着“主城向北”的宏大棋局。而重庆城的老老少少、男男女女们，则习惯了在一天中的任何时候，和亲近的人一起去嘉陵江大桥上走一走。石板坡长江大桥太长了，也太吵了，嘉陵江这座桥就正合适——

长度适中，温柔安静，很适合让亲情生根、友情升温、爱情萌芽。无论是从南到北还是从北到南，只要走到桥头，不远处就有他们想要的温暖与繁华。

这是一座天生诗意的桥。它既能把一座城市带向远方，又能把平凡的人们带回心灵的故乡。

一

1997 年 2 月 19 日，邓小平去世了。那天上午 10 点，牛角沱嘉陵江大桥上下，汽笛长鸣，哀恸江天。大桥在凛冽寒风与呜咽江水中默然伫立，用笔直而孤独的身影，送别这位知音老友。

它唯一能为老友做的，就是坚强地伫立下去。

仅仅四个月后，重庆成了中国第四个直辖市。过了一年多，嘉陵江大桥的上游出现了继石门大桥之后又一座嘉陵江大桥，它就是前面说过的高家花园大桥。又过了一年，千禧年前夜，嘉陵江大桥的下游又出现了一座嘉陵江大桥，它叫黄花园大桥。又过了两年，嘉陵江大桥身畔 200 米处又出现了一座嘉陵江大桥，它叫渝澳大桥……

大桥从此不再孤独，它的事业后继有桥。截至 2020 年上半年，两江主城段已有了二三十座大型和特大型桥梁，还不算正在建设中的；而全市的桥梁也已达到 4500 多座，把重庆送上了“中国桥都”的宝座。

2017年12月，牛角沱嘉陵江大桥启动了史上最大一次整修。处理完桥墩、钢架等基础结构后，2018年4月，又开始了为期200多天的桥面封闭式整修。最后完工并恢复通车的时间，比原计划提前了22天。效果是完美的——

这座年过半百的重庆主城第一桥，还能再服役个几十年。

今天，站在一群儿孙辈的大桥中间，“整容”后的嘉陵江大桥就像一个老而弥辣的乐队主唱，牢牢占据着C位，把不舍昼夜的车流与江流声融入一首老歌，献给了那些在它生命里来来去去的前人与后人：

老兵永远不会死，他们只会慢慢地消逝。

而在千百万重庆人心中，大桥也早已成为生命里不能失去的亲密伙伴。沈从文曾写过一句话，如今很适合献给它：

我行过许多地方的桥，看过许多次数的云，喝过许多种类的酒，却只爱过一个正当最好年龄的人。

行 千 里 · 致 广 大

重　庆　宝　藏

图书在版编目（CIP）数据

重庆宝藏：藏在江北的文物故事 / 重庆市江北区文化和旅游发展委员会编著 . -- 重庆：重庆出版社，2021.8

ISBN 978-7-229-15937-5

Ⅰ . ①重… Ⅱ . ①重… Ⅲ . ①文物－介绍－江北区 Ⅳ . ① K872.719.3

中国版本图书馆 CIP 数据核字 (2021) 第 137421 号

重庆宝藏：藏在江北的文物故事

CHONGQING BAOZANG：CANG ZAI JIANGBEI DE WENWU GUSHI

重庆市江北区文化和旅游发展委员会　编著

出　　品：重庆市江北区文化和旅游发展委员会
策　　划：能罂书院
责任编辑：张　跃
责任校对：李小君
装帧设计：能罂书院

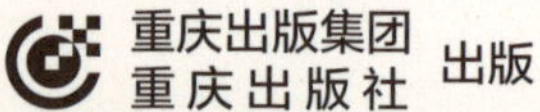

出版

重庆市南岸区南滨路162号1幢　邮政编码：400061 http://www.cqph.com
重庆新金雅迪艺术印刷有限公司印制
重庆出版集团图书发行有限公司发行
E-MAIL:fxchu@cqph.com　邮购电话：023-61520678
全国新华书店经销

开本：787mm×1092mm　1/16　印张：16.5　字数：220千
2021年8月第1版　2021年8月第1次印刷
ISBN 978-7-229-15937-5
定价：78.00元

如有印装质量问题，请向本集团图书发行有限公司调换：023-61520678
